여러분의 합격을 응원하는
해커스경찰의 특별 혜택!

단기 합격을 위한
해커스경찰 커리큘럼

입문

탄탄한 기본기와 핵심 개념 완성!

누구나 이해하기 쉬운 개념 설명과 풍부한 예시로 부담없이 쌩기초 다지기

TIP 베이스가 있다면 **기본 단계부터!**

▼

기본+심화

필수 개념 학습으로 이론 완성!

반드시 알아야 할 기본 개념과 문제풀이 전략을 학습하고
심화 개념 학습으로 고득점을 위한 응용력 다지기

▼

기출+예상 문제풀이

문제풀이로 집중 학습하고 실력 업그레이드!

기출문제의 유형과 출제 의도를 이해하고 최신 출제 경향을 반영한
예상문제를 풀어보며 본인의 취약영역을 파악 및 보완하기

▼

동형문제풀이

동형모의고사로 실전력 강화!

실제 시험과 같은 형태의 실전모의고사를 풀어보며 실전감각 극대화

▼

최종 마무리

시험 직전 실전 시뮬레이션!

각 과목별 시험에 출제되는 내용들을 최종 점검하며 실전 완성

PASS

단계별 교재 확인 및
수강신청은 여기서!

police.Hackers.com

* 커리큘럼 및 세부 일정은 상이할 수 있으며,
자세한 사항은 해커스경찰 사이트에서 확인하세요.

해커스경찰

박철한
경찰헌법 핵심요약집

해커스경찰

박철한

약력

현 | 해커스경찰 헌법 강의
해커스공무원 헌법 강의

전 | 합격의 법학원 사법시험 헌법 강의
한양대 겸임교수
한양대, 성균관대, 이화여대, 숙명여대, 조선대 특강강사
박문각 남부행정고시학원 헌법 강의
KG패스원 헌법 강의

저서

박철한 경찰헌법 최신 5개년 판례집, 해커스경찰
박철한 경찰헌법 실전문제집, 해커스경찰
박철한 경찰헌법 실전동형모의고사, 해커스경찰
박철한 경찰헌법 핵심요약집, 해커스경찰
박철한 경찰헌법 기출문제집, 해커스경찰
박철한 경찰헌법 기본서, 해커스경찰
박철한 헌법 기본서, 해커스공무원
OLA 올라 헌법 기본서, 경찰공제회
OLA 올라 헌법 핵심 문제풀이, 경찰공제회
단계별기출 핵심지문 박철한 경찰헌법 OX, 법률저널
박철한 헌법 기출, 법률저널
박철한 핵심 헌법, 법률저널
헌법 기출 오엑스, 훈민정음

합격을 향한 간절한 열망만이

수험기간을 단축한다!

헌법 어떻게 해야 고득점이 나올까?

모든 객관식에서 가장 중요한 것은 회독입니다!! 절대 회독만이 합격을 앞당깁니다. 헌법의 무한 회독을 위해서는 책이 얇아야 합니다. 얇은 책을 위해서 시험에 잘 나오지 않는 학설이나 이론 부분을 과감하게 삭제하고, 판례의 내용도 제목과 주문 중심으로 간결하게 서술하였습니다. 그래서 최종 150페이지 정도에 헌법의 핵심 내용을 담게 되었습니다.

〈2025 해커스경찰 박철한 경찰헌법 핵심요약집〉은 수험생 여러분들이 '시험에 나오는' 헌법만을 효율적으로 학습할 수 있도록 다음과 같은 특징을 가지고 있습니다.

첫째, 본문 내용의 상당수를 표로 정리하여 한 눈에 파악할 수 있도록 편집하였습니다.

둘째, 판례도 제목 중심으로 서술하여 기본적인 내용을 공부한 수험생이라면 알기 쉽고 간략하게 정리해두었습니다.

셋째, 철저히 기출문제 중심으로 자주 출제되는 것들 위주로 서술하였습니다.

넷째, 최신 판례 및 개정법령을 전면 반영하였습니다. 이를 통해 수험생 여러분들은 이론과 문제를 학습하면서 개정된 법령과 최신의 판례까지 효과적으로 함께 학습할 수 있습니다.

다섯째, 교재를 보충할 수 있는 각종 자료를 제 카페(cafe.naver.com/pchconstitution)에 올려두었습니다. 매주 진행되는 랜선 스터디에서 기출자료, 무료 특강, 캠프자료, 엠피파일 등 다양한 자료를 만나보실 수 있습니다.

더불어 경찰공무원 시험 전문 해커스 경찰(police.Hackers.com)에서 학원강의나 인터넷 동영상 강의를 함께 이용하여 꾸준히 수강한다면 학습효과를 극대화할 수 있습니다.

부디 〈2025 해커스경찰 박철한 경찰헌법 핵심요약집〉과 함께 경찰공무원 헌법 시험의 고득점을 달성하고 합격을 향해 한 걸음 더 나아가시기를 바랍니다.

본 교재가 경찰공무원 시험 합격을 꿈꾸는 모든 수험생 여러분에게 훌륭한 길잡이가 되기를 바랍니다.

2024년 11월
박철한

목차

제1편 헌법 총론

제1장 **헌법과 헌법학**   8

제1절 헌법의 의의   8
제2절 헌법의 특성   9
제3절 헌법의 해석(합헌적 법률해석)   9
제4절 헌법의 변천   10
제5절 헌법의 개정   11
제6절 헌법의 수호   13
제7절 저항권   14
제8절 방어적 민주주의   15

제2장 **대한민국헌법 총설**   17

제1절 헌정사   17
제2절 헌법의 적용범위   20
제3절 한국헌법의 기본원리 총설   22
제4절 국민주권의 원리   24
제5절 법치국가의 원리   24
제6절 사회국가의 원리   30
제7절 경제적 기본질서   31
제8절 문화국가의 원리   33
제9절 국제평화주의   34

제2편 기본권론

제1장 **기본권 총론**   40

제1절 기본권의 주체   40
제2절 기본권의 효력   41
제3절 기본권의 경합과 충돌   42
제4절 기본권 제한과 그 한계   46
제5절 기본권 보호의무   49
제6절 기본권의 침해와 구제   51

제2장 **인간의 존엄성 · 행복추구권 · 평등권**   53

제1절 인간의 존엄성 존중과 행복추구권   53
제2절 평등권   57

제3장 **자유권적 기본권**   61

제1절 인신의 자유   61
제2절 사생활 자유권   71
제3절 정신적 자유권   77

제4장 **경제적 기본권**   90

제1절 재산권   90
제2절 직업의 자유   93
제3절 소비자의 권리   97

제5장	정치적 기본권	98
제1절	정치제도의 기본원리	98
제2절	참정권	99
제3절	제도보장이론	100
제4절	정당제도	101
제5절	선거제도	106
제6절	공무담임권과 공무원제도	114
제7절	지방자치제도	117

제6장	청구권적 기본권	121
제1절	서론	121
제2절	청원권	121
제3절	재판청구권	123
제4절	국가배상청구권	126
제5절	형사보상청구권	127
제6절	범죄피해자구조청구권	129

제7장	사회적 기본권	130
제1절	인간다운 생활을 할 권리	130
제2절	교육을 받을 권리	131
제3절	근로의 권리	134
제4절	근로3권	135
제5절	환경권	138
제6절	혼인과 가족생활, 모성보호, 보건권	139

제8장	국민의 의무	142

2025 해커스경찰
박철한 경찰헌법 핵심요약집

제1편

헌법 총론

제1장 | 헌법과 헌법학
제2장 | 대한민국헌법 총설

제1장 헌법과 헌법학

제1절 헌법의 의의

01 헌법의 의의

정치적 공동체의 존재형태와 기본적 가치질서에 관한 국민적 합의를 법규범적인 논리체계로 정립한 국가의 기본법을 말한다.

02 관습헌법

의의	관행 또는 관습이 반복되어 이것이 헌법적 효력을 가진다는 것에 대해 사회구성원들이 법적 확신을 하게 되어 규범력을 획득한 관습법을 의미한다.		
근거	헌법 제1조 제2항 (2004헌마554)		
성립요건	① 헌법적으로 중요한 사항일 것	② 관행이 존재할 것	③ 반복·계속될 것
	④ 항상성을 가질 것	⑤ 명료할 것	⑥ 국민들의 합의가 있을 것
	• 관습헌법의 성립요건은 동시에 효력유지 요건이다. • 국민들의 합의가 사라지면 관습헌법도 소멸한다.		
효력	대등적 효력설	성문헌법과 대등한 효력	
절차	헌법	헌법개정절차	

(1) 사법심사 대상인지 여부

고도의 정치적 결단에 의하여 행해지는 국가작용이라고 할지라도 그것이 국민의 기본권 침해와 직접 관련되는 경우에는 당연히 헌법재판소의 심판대상이 될 수 있다.

(2) 수도의 핵심개념

국회와 행정을 통할하며 국가를 대표하는 대통령(대법원 ×, 국무총리 ×)의 소재지가 있는 곳을 말한다.

(3) 관습헌법의 개정

헌법 개정방식으로만 가능하다. 다만, 이 경우 관습헌법규범은 헌법전에 그에 상반하는 법규범을 첨가함에 의하여 폐지하게 되는 점에서, 헌법전으로부터 관계되는 헌법조항을 삭제함으로써 폐지되는 성문헌법규범과는 구분된다(2004헌마554).

> **⚖ 판례 | 행정중심복합도시** (2005헌마579)
>
> 국회와 대통령은 여전히 서울에 소재하여 수도가 이전하는 것이 아니므로 국민투표권 자체가 발생할 여지가 없다. 따라서 국민투표권 침해 가능성은 인정되지 않는다.
> ▶ 납세자의 권리 ×

03 존재형식에 따른 개념

구분	성문헌법	불문헌법
국가	미국, 독일, 프랑스 등 대다수 국가	영국, 뉴질랜드, 캐나다, 이스라엘 등
특징	거의 대부분 경성헌법	• 헌법개정대상(×) • 위헌법률심판 판단준거(×) • 국가창설적 기능(○) • 헌법변천(○) • 헌법해석(○)

제2절 헌법의 특성

사실적 특성	역사성	역사적 조건과 지배상황에 의하여 제약을 받음	
규범적 특성	최고규범성	우리나라 조문 ×	
		강화	경성헌법, 국가창설, 위헌법률심판
		약화	일반적 법률유보

제3절 헌법의 해석(합헌적 법률해석)

개념		• 법률의 합헌적 해석, 헌법합치적 해석, 법률해석의 지침 • 헌법해석의 지침(×), 다만 헌법해석을 수반 • 다의적 해석이 가능함을 전제로 함	
목적	소극적	법률효력의 지속(법적 안정성)	
	적극적	(헌법에 합치되도록) 법률 내용의 제한·보충·형성(박탈 ×)	
개념 구분		합헌적 법률해석	위헌법률심판(규범통제)
	목적	법률 효력의 지속	헌법 규범력 유지
	헌법의 기능	해석규칙(법률해석 기준)	저촉규칙(법률심사기준)
	헌법상 근거	• 헌법의 최고규범성 • 명시규정 불필요	• 헌법의 최고규범성 • 헌법 제111조(헌재 관장사항 – 위헌법률심판)
	적극 vs 소극	사법소극주의	사법적극주의
	관련 기본권	경제적 기본권	정신적 기본권
한계	문의적 한계	해당 법률조문의 문의가 손상·변질되지 않을 것	
	목적적 한계	입법권자의 명백한 입법목적을 훼손하지 않을 것	
	헌법적 한계	해석기준(헌법조문)을 지나치게 확대해석하여 합법률적 헌법해석이 되지 않을 것	
	한계를 벗어난 경우	무리한 합헌적 법률해석은 오히려 인권침해의 우려가 생길 수 있다.	

제1장 헌법과 헌법학 **9**

⚖ 판례 ㅣ

1 재범의 위험성을 고려하지 않은 보호감호 사건: 위헌 (88헌가5)

2 지방공무원 전출 사건: 합헌 (98헌바101)
이 법률은 '양 단체장의 동의로 소속공무원을 전입할 수 있다'고 규정되어 있는바, 이는 "할 수 있다."라는 재량의 여지를 두고 있어 우리 헌재는 합헌적으로 해석하여 소속공무원의 동의까지 요하는 것으로 해석하여 합헌결정하였다.

3 종업원의 범죄행위에 대한 과실 없는 영업주의 처벌: 위헌 (2005헌가10)

4 공소기각재판을 받은 경우 사유가 없었더라면 무죄가 선고될 현저한 사유가 있는 경우 무죄선고로 볼 수 있다(2004다22377).

5 조세감면규제법: 한정위헌 (2009헌바123)
이 사건 전문개정법의 시행에도 불구하고 이 사건 부칙조항이 실효되지 않은 것으로 해석하는 것은 헌법에 위반된다.

제4절 헌법의 변천

01 의의

당해 조문은 그대로 존속시키면서 그 실질적인 내용이 변화하는 것을 말한다.

02 한계

헌법변천의 기능이 다하는 곳에 헌법개정이 있다.

제5절 헌법의 개정

01 의의

헌법의 기본적 동일성을 유지한 채 헌법의 특정조항을 수정·삭제·추가하는 것을 말한다.

02 개정절차

> 헌법 제128조 ① 헌법개정은 국회재적의원 과반수 또는 대통령의 발의로 제안된다.
> ② 대통령의 임기연장 또는 중임변경을 위한 헌법개정은 그 헌법개정 제안 당시의 대통령에 대하여는 효력이 없다.
>
> 제129조 제안된 헌법개정안은 대통령이 20일 이상의 기간 이를 공고하여야 한다.
>
> 제130조 ① 국회는 헌법개정안이 공고된 날로부터 60일 이내에 의결하여야 하며, 국회의 의결은 재적의원 3분의 2 이상의 찬성을 얻어야 한다.
> ② 헌법개정안은 국회가 의결한 후 30일 이내에 국민투표에 붙여 국회의원선거권자 과반수의 투표와 투표자 과반수의 찬성을 얻어야 한다.
> ③ 헌법개정안이 제2항의 찬성을 얻은 때에는 헌법개정은 확정되며, 대통령은 즉시 이를 공포하여야 한다.

헌법 제128조	제안	국회 재적 과반수, 대통령
	효력 한계	① 제70조 개정 – 제안 당시 대통령 ➡ 효력(×) ② 개정금지조항은 아님
제129조	공고	① 대통령 ② 20일 이상
제130조	의결	공고일~60일 이내 국회재적 3분의 2 이상 찬성, 기명투표, 소수자 보호
	국민투표	의결~30일 이내 선거권자 과반수 투표 ➡ 투표자 과반수 찬성
	확정·공포	국민투표 – 찬성 ➡ 확정 대통령 – 즉시공포
부칙 제1조	시행일 (단서)	1988.2.25.~ 법률 재·개정, 대통령·국회의원선거 등 제반 준비 – 시행일 이전 가능, 발효시기 직접 명시

안 되는 단서를 확인

03 역대헌법 개정절차

	제안			공고	의결정족수	국민투표	비고	
	대통령	국회재적	국민					
건국헌법	○	3분의 1	×	30일	3분의 2	×	국민투표 ×	
발췌개헌 (1차 개정)	○	민의원 3분의 1 or 참의원 3분의 2	×	30일	민의원 3분의 2 or 참의원 3분의 2	×	공고절차 위배	
사사오입 (2차 개정)	○	민의원 3분의 1 or 참의원 3분의 1	민의원 선거인단 50만명	30일	민의원 3분의 2 or 참의원 3분의 2	×	개정금지조항, 국민발안	
제2공화국 (3·4차 개정)	○	민의원 3분의 1 or 참의원 3분의 1	민의원 선거인단 50만명	30일	민의원 3분의 2 or 참의원 3분의 2	×	개정금지조항, 국민발안	
제3공화국 (5·6차 개정)	×	3분의 1	국회의원 선거인단 50만명	30일	3분의 2	○	대통령 제안권 ×	
유신헌법 (7차 개정)	○	–	×	20일	×	○	← 대통령 제안	헌법 개정절차 이원화
	–	2분의 1			3분의 2 → 통일주체국민회의		← 국회 제안	
제5공화국 (8차 개정)	○	2분의 1	×	20일	3분의 2	○	개정효력 한계규정 (제128조 제2항)	
현행헌법 (9차 개정)	○	2분의 1	×	20일	3분의 2	○	–	

04 한계

(1) 내용상의 한계

제1공화국의 제2차 개정헌법은 국민주권, 민주공화국, 국민투표규정은 개폐할 수 없다고 하였다.

(2) 헌법조항에 대한 사법심사

무엇이 헌법제정규범이고 무엇이 헌법개정규범인지 구분하는 것은 불가능하다. 따라서 각 개별규정에 그 효력상의 차이를 인정하기 어렵다(94헌바20).

구분	차이
이념적·논리적 우열	○
효력상 우열	×

제6절 헌법의 수호

01 의의

헌법의 수호란 헌법의 기본적 가치질서에 대한 침해행위를 사전에 예방하거나 사후에 배제하는 것을 말한다.

02 국가긴급권

> **헌법 제76조** ① 대통령은 내우·외환·전재·지변 또는 중대한 재정·경제상의 위기에 있어서 국가의 안전보장 또는 공공의 안녕질서를 유지하기 위하여 긴급한 조치가 필요하고 국회의 집회를 기다릴 여유가 없을 때에 한하여 최소한으로 필요한 재정·경제상의 처분을 하거나 이에 관하여 법률의 효력을 가지는 명령을 발할 수 있다.
> ② 대통령은 국가의 안위에 관계되는 중대한 교전상태에 있어서 국가를 보위하기 위하여 긴급한 조치가 필요하고 국회의 집회가 불가능한 때에 한하여 법률의 효력을 가지는 명령을 발할 수 있다.
> ③ 대통령은 제1항과 제2항의 처분 또는 명령을 한 때에는 지체없이 국회에 보고하여 그 승인을 얻어야 한다.
> ④ 제3항의 승인을 얻지 못한 때에는 그 처분 또는 명령은 그때부터 효력을 상실한다. 이 경우 그 명령에 의하여 개정 또는 폐지되었던 법률은 그 명령이 승인을 얻지 못한 때부터 당연히 효력을 회복한다.
> ⑤ 대통령은 제3항과 제4항의 사유를 지체없이 공포하여야 한다.
>
> **제77조** ① 대통령은 전시·사변 또는 이에 준하는 국가비상사태에 있어서 병력으로써 군사상의 필요에 응하거나 공공의 안녕질서를 유지할 필요가 있을 때에는 법률이 정하는 바에 의하여 계엄을 선포할 수 있다.
> ② 계엄은 비상계엄과 경비계엄으로 한다.
> ③ 비상계엄이 선포된 때에는 법률이 정하는 바에 의하여 영장제도, 언론·출판·집회·결사의 자유, 정부나 법원의 권한에 관하여 특별한 조치를 할 수 있다.
> ④ 계엄을 선포한 때에는 대통령은 지체없이 국회에 통고하여야 한다.
> ⑤ 국회가 재적의원 과반수의 찬성으로 계엄의 해제를 요구한 때에는 대통령은 이를 해제하여야 한다.

구분	긴급명령	
	긴급재정·경제명령	긴급명령
상황요건	내우·외환·천재·지변 ➡ 중대 재정·경제상 위기	국가안위 관련 중대 교전상태
목적	• 국가안전보장 • 공공안녕질서유지 • 공공복리 안 됨	국가보위
국회요건	폐회중 ➡ 집회(3일)여유(×)	사실상 집회 불가능
지휘·감독	–	–
공권력 동원	행정조치	경찰력
기본권 제한	경제적 기본권	모든 기본권
군정	×	×
사후절차	국회 집회 요구 ➡ 국회 보고 ➡ 사후 승인 헌법상 공포(명령 사유)	

⚖️ 판례 ┃

1 계엄해제 후에 포고령위반 처벌 여부 (81도1045)

계엄기간 중의 계엄포고위반의 죄는 계엄해제 후에도 행위 당시의 법령에 따라 처벌되어야 한다.

2 계엄해제 이후 1개월간 군사법원의 관할권 연장 (81도1045)

비상계엄지역 내의 사회질서는 정상을 찾았으나 일반법원이 미처 기능회복을 하지 못하여 군법회의에 계속중인 재판사건을 넘겨받아 처리할 수 있는 태세를 갖추지 못하고 있는 경우에 대처하기 위함이다.

3 금융실명제 (93헌마186)

금융실명제는 통치행위라 해도 기본권 관련성이 있는 경우 사법심사가 가능하다.

4 긴급조치의 위헌 여부는 최종적으로 대법원이 판단 (2010도5986)

헌법재판소의 위헌심판대상이 되는 '법률'에 해당한다고 할 수 없고, 긴급조치의 위헌 여부에 대한 심사권은 최종적으로 대법원에 속한다.

5 긴급조치 위헌 여부: 위헌 (2010헌바132)

대통령긴급조치도 법률과 동일한 효력을 가지므로 이에 대한 위헌심사권한은 헌법재판소에 전속한다.

제7절 저항권

01 비교개념

구분	국가긴급권	저항권	시민불복종	혁명
요건	헌법질서의 위협		헌법질서의 위협 + 위헌법령·위법명령	–
목적	기존 헌법질서의 유지		민주적 법질서 유지	새로운 헌법질서 수립
강조	국가안보·존립	민주질서 수호		기존질서 배제
주체	국가	국민		
방법	비폭력적 + 폭력적(허용)		비폭력적	(주로) 폭력적
보충성	제약(○)		제약(×)	

02 연혁

입법례	명문규정(×)				
판례	대법원	저항권 부정	74도3323	민청학련사건	자연권에만 근거하고 실정법에 근거가 없다면 불인정
			80도306	김재규 사건	
	헌법재판소	간접적 인정	97헌가4	노동조합법 위헌심판	입법과정 하자는 대상이 되지 않음

> **판례 l**
>
> **1 김재규 사건** (80도306)
> 저항권이 존재한다 하더라도 저항권은 실정법에 근거를 두지 아니하고 자연법에만 근거하고 있는 한, 법관은 이를 재판규범으로 원용할 수 없다.
>
> **2 노동조합법 사건: 각하** (97헌가4)
> 저항권은 국가권력에 의하여 헌법의 기본원리에 대한 중대한 침해가 행하여지고, 그 침해가 헌법의 존재 자체를 부인하는 것으로서 다른 합법적인 구제수단으로서는 목적을 달성할 수 없을 때에, 국민이 자기의 권리와 자유를 지키기 위하여 실력으로 저항하는 권리라고 하여 간접적으로 인정하고 있다. 다만 입법과정의 하자는 저항권의 대상이 아니다.

03 행사요건

요건 (허용요건)	주체	• 국민, 법인, 정당, 외국인(예외적) • 국가(×), 지자체(×)
	객체	모든 공권력 담당자
	목적	보수적 – 헌법질서 유지, 인간존엄성 유지, 개혁적(×)
	방법	예외적 폭력 허용 – 평화적 방법 불가능시, 필요 최소한
한계 (행사요건)		• 헌법침해의 중대, 명백성 • 보충성 • 최후수단성 • 성공 가능성(논란 有 – 부정이 다수)

제8절 방어적 민주주의

01 의의

(1) 민주주의의 이름으로 민주주의를 파괴하거나 자유의 이름으로 자유를 파괴하는 민주주의의 적으로부터 민주주의를 방어해야 한다는 것을 의미한다. 이는 가치구속적 민주주의를 전제로 한다.

(2) 우리 헌법재판소도 일인독재 내지 일당독재를 배제하고 다수의 의사에 의한 국민의 자치, 자유·평등의 기본원칙에 의한 법치주의적 통치질서를 말한다. 구체적으로는 기본적 인권의 존중, 권력분립, 의회제도, 복수정당제도, 선거제도, 사유재산과 시장경제를 골간으로 한 경제질서 및 사법권의 독립 등을 의미한다고 천명한 바 있다(최근에 국민주권도 요소라고 판시).

02 성격

민주주의 이념과 가치를 전제로 한다. 따라서 다수결로 모든 것을 해결할 수 없다.

03 전개

(1) 위헌정당해산제도

우리나라	진보당 사건	건국헌법 때 공보실장의 해산명령(사법부에 의한 해산이 아님)
	제2공화국 때 정당조항 신설, 위헌정당해산제도	
	통합진보당사건의 경우에는 위헌정당으로 해산	

(2) 기본권 실효제도

독일에는 기본권 실효제도가 존재하나, 우리나라는 기본권 실효제도가 규정되어 있지 않다.

제2장 대한민국헌법 총설

제1절 헌정사

구분	개정	특징	통치구조	기본권
제1공화국	건국헌법 ('48)	• 제헌국회에서 의원내각제를 중심으로 초안 작성 • 그러나 대통령제 정부형태는 국민투표로 확정된 것 ×	• 대통령 간선 • 부통령제 실시(간선) • 국무총리제 실시 • 단원제 국회 • 헌법위원회제도	• 근로자의 이익분배균점권 • 사회적 기본권 규정 존재
	제1차 개헌 ('52)	발췌개헌안 공고절차 및 토론 생략	• 대통령 직선 • 국회의 양원제였으나 단원제로 운영	-
	제2차 개헌 ('54)	사사오입개헌	• 3선 제한 철폐 • 국민투표제를 최초로 도입 • 헌법개정의 한계에 관한 명문규정 신설 • 특별법원(군법회의)의 헌법적 근거 마련 • 국무총리 폐지	자유시장경제체제로 전환
제2공화국	제3차 개헌 ('60)	• 4·19혁명 • 헌정사상 처음으로 합헌적 개정절차	• 대통령 간선 • 의원내각제 • 헌법재판소 설치 • 중앙선거관리위원회 설치 • 정당조항 신설 • 직업공무원제 채택	• 본질적 내용 침해 금지조항 신설 • 검열금지
	제4차 개헌 ('60)	부정선거자들 처벌할 근거 마련	소급특별법 제정	-
제3공화국	제5차 개헌 ('62)	• 5·16 군사 정변 • 제2공 헌법의 헌법개정절차에 따른 것이 아님	• 전문 최초 개정 • 정당정치제도 강화 • 무소속출마 금지 • 헌법개정에 필수적 국민투표제도 도입	• 인간의 존엄과 가치를 최초로 명문화 • 직업선택의 자유와 인간다운 생활을 할 권리 신설 • 자백의 증거능력 제한 규정
	제6차 개헌 ('69)	3선 개헌	• 대통령 연임 3기 • 대통령 탄핵소추 발의와 의결 강화 • 국회의원이 각료 겸임 가능	-

제4공화국	제7차 개헌 ('72)	• 유신개헌 • 평화통일조항 신설	• 대통령에게 막강 권한 부여(특히 긴급조치권) • 통일주체국민회의에서 대통령 간선 • 정당 국가적 경향 완화(무소속 출마 가능) • 헌법개정절차의 이원화	• 검열제 금지 삭제 • 체포구속적부심사제 폐지 • 이중배상금지규정 신설
제5공화국	제8차 개헌 ('80)	제5공 헌법은 형식상 제4공 절차에 따라 개정됨	• 대통령 7년 단임 간선 • 국정조사권 인정 • 국고보조조항을 신설	• 행복추구권, 형사피고인의 무죄추정 • 연좌제 금지 • 사생활의 비밀과 자유, 적정임금조항 • 환경권 신설 • 체포구속적부심 부활
제6공화국	제9차 개헌 ('87)	–	• 대통령 임기 5년 직선제 • 헌법재판소 설치 • 국정감사 부활	• 적법절차조항 • 재판절차진술권 • 범죄피해자 국가구조청구권 • 최저임금제, 체포 · 구속시 고지제도

☑ SUMMARY ｜ 시대별 기본권 정리

구분	내용
제1공화국	• 자유권에 개별적 법률유보 규정 • 일반적 법률유보에 의한 기본권 제한을 규정
제2공화국	• 자유권에 개별적 법률유보조항 삭제 • 기본권의 본질적 내용 침해금지조항 신설
제3공화국	• 인간의 존엄과 가치 • 직업의 자유 신설 • 근로자의 이익분배균점권 삭제 • 양심의 자유와 종교의 자유 분리
제4공화국	• 거의 모든 기본권에 개별적 법률유보규정 • 구속적부심 폐지, 자백의 증거능력제한규정 삭제 • 검열제 · 허가제 금지 삭제 • 이중배상금지 신설 • 국가안전보장을 위해 기본권 제한 가능
제5공화국	• 기본권의 자연권성 분명히 함 • 체포구속적부심 부활 • 신설 기본권: 연좌제 금지, 적정임금, 무죄추정, 사생활의 자유, 행복추구권, 환경권, 소비자보호운동, 평생교육에 관한 권리
제6공화국	• 검열과 허가제 금지 부활 • 형사보상청구권을 형사피의자까지 확대(피고인은 제헌헌법부터) • 체포구속적부심 법률유보 삭제 • 군사시설에 관한 죄를 군사법원 관할에서 삭제

구분	내용
언론·출판·집회·결사의 허가·검열금지	• 제2공 때 규정 • 제4공·제5공 때 삭제 • 현행헌법에서 부활
직업의 자유	제3공 때 신설
인간다운 생활을 할 권리	제3공 때 신설
공무원의 근로3권 제한	제3공 때 신설
주거의 자유	• 제헌헌법 이래 거주·이전의 자유와 함께 규정 • 제3공 때 분리
가족제도	• 혼인의 순결: 제헌헌법부터 규정 • 양성의 평등에 기초한 혼인·가족제도의 보장: 제5공 헌법부터 규정
선거권	• 제2공~제5공: 헌법에서 20세로 규정 • 현행헌법: 삭제 후 법률로 규정
초등의무교육	• 제헌헌법 이래 규정 • 대학의 자율성: 현행헌법에서 규정
범죄피해자구조청구권	현행헌법에서 신설
임금	• 적정임금: 제5공 때 규정 • 최저임금: 제6공 때 규정
환경권	• 제5공 때 신설 • 쾌적한 주거생활: 현행헌법에서 규정
본질적 내용 침해금지	• 제2공(제3차 헌법) 때 신설 • 제4공(제7차 헌법) 때 폐지 • 제5공(제8차 헌법) 때 부활
적부심	• 제헌헌법부터 규정 • 제4공(제7차 헌법) 때 폐지 • 제5공(제8차 헌법) 때 부활
형사보상	• 피고인: 제헌헌법부터 규정 • 피의자: 현행헌법에서 규정

⊕ PLUS 조심해야 할 헌정사

1. 적정임금: 제5공화국, 최저임금: 제6공화국
2. 재외국민 보호조항: 제5공화국, 재외국민 보호의무: 제6공화국
3. 인간의 존엄성: 5차 개헌, 행복추구권: 제5공화국
4. 검열금지: 제2공 때 신설 – 7차 개헌 때 삭제 – 9차 개헌 때 부활
5. 체포구속적부심: 건국헌법 때 규정 – 7차 개헌 때 삭제 – 8차 개헌 때 부활

제2절 헌법의 적용범위

01 국적법(단행법주의)

국적 취득	선천적 국적취득		• 원칙 – 속인주의(혈통주의): 부모양계혈통 • 예외 – 속지주의: 부모가 분명하지 않거나 국적이 없는 때(우리나라 사람으로 추정)
	후천적 국적취득	인지	대한민국 민법에 의하여 미성년일 것 + 출생 당시에 부 또는 모가 대한민국 국민이었을 것
		귀화	• 일반귀화 – 5년 이상 계속하여 대한민국에 주소 • 간이귀화 – 3년 이상 계속하여 대한민국에 주소 • 특별귀화 – 거주요건 필요 없음, 주소만 있으면 됨
		입양	• 미성년 입양 – 특별귀화 대상 • 성년자 입양 – 간이귀화 대상
		혼인	• 요건 – 간이귀화 대상 • 혼인상태로 2년 이상 계속 대한민국에 주소 • 혼인한 후 3년 경과 + 1년 이상 주소 • 배우자가 실종·사망한 경우나 미성년자가 있는 경우 요건 충족 못해도 강제추방 당하지 않음
		수반취득	• 처의 수반취득제도 삭제 • 미성년인 자(子)의 수반취득 인정(자동취득 아님, 권리적 성격)
		국적회복	• 자격 – 대한민국 국민이었던 외국인 • 절차 – 법무부장관의 국적회복 허가를 받아야 함 [병역기피의 경우 불허가(기속)]
복수 국적 금지	외국인		▶ 외국인의 원국적 포기 – 대한민국 국적을 취득한 외국인은 1년 내에 원국적을 포기하여야, 원국적 포기 없이 1년 경과하면 대한민국 국적상실(서약제도 신설) ▶ 국적재취득 신고제도 – 1년이 경과하여 대한민국 국적을 상실한 자가 1년 내에 원국적을 포기하면 '신고'만으로 대한민국 국적을 재취득
	대한민국 국민		• 만 20세가 되기 전에 복수국적 – 만 22세가 되기 전까지 국적선택 • 만 20세가 된 후에 복수국적 – 그때부터 2년 내에 국적선택 • 군대문제가 생긴 경우는 3개월 • 원정출산 등의 경우 포기 못함
국적 상실	자진		▶ 자진하여 외국국적취득 – 외국국적을 취득한 때에 대한민국 국적상실
	비자진		▶ 국적보유신고제도 – 혼인·입양·인지 등 섭외적 신분행위에 의하여 비자진하여 외국국적취득 – 국적보유를 6개월 이내에 신고한 때에는 국적 계속 보유(후천적 복수국적)
	국적상실자의 권리변동		양도 가능한 권리는 3년 내에 대한민국 국민에게 양도하여야 함

국적판정	법무부장관은 대한민국 국적취득 또는 보유 여부가 불분명한 자에 대하여 심사·판정
복수국적자의 지위	국내법 적용에서 대한민국 국민으로만 처우함
국적선택명령	당연 상실에서 선택명령 이후 불선택시 국적상실로 개정
국적상실결정제도	복수국적의 부작용을 최소화
모계출생자의 특례	국적분쟁 방지를 위해 법무부장관에게 신고함으로써 국적을 취득

✎ 서약제도란 외국인이 누리는 권리를 행사하지 않겠다고 서약하는 것을 말한다.
  시민권을 취득하면 국적을 상실하지만, 영주권을 취득하면 상실하지 않는다. 이혼의 경우도 상실하지 않는다.

02 재외국민의 보호

헌법조항	• 국가는 법률이 정하는 바에 의하여 재외국민을 보호할 의무를 짐 • (1980년 헌법) 재외국민은 국가의 보호를 받음
의미	재외국민(대한민국 국민으로서 외국의 영주권을 취득하거나 영주할 목적으로 외국에 거주하고 있는 자)
	외국국적동포(대한민국의 국적을 보유하였던 자 또는 그 직계비속)
내용	조약 기타 일반적으로 승인된 국제법규 및 해당 거류국의 법령에 따른 국가의 외교적 보호, 정치적 배려에 의한 국가의 각종 지원

03 영역범위

(1) 영토는 한반도와 그 부속도서(헌법규정)
(2) 영해나 영공은 헌법에 규정 ×

04 영토조항과 통일조항의 관계

대법원의 견해	• 대한민국만이 한반도의 유일한 합법정부 • 북한은 미수복 지역인바 통일해야 함
헌법재판소의 견해	대화와 협력의 동반자임과 동시에 한편으로는 반국가단체라는 성격도 함께 가지고 있다고 봄

05 관련 문제

남북기본합의서	조약이 아니라 신사협정에 불과함
유엔동시가입	남북 상호간 국가승인의 문제가 아님
국가보안법의 위헌성	적용되는 범위를 축소하여 헌재는 합헌결정함
남북교류협력에 관한 법률	국가보안법과 일반법·특별법관계가 아니며, 적용영역이 서로 다름
북한주민의 법적 지위	대한민국 국민으로 인정하나 자격증, 외국환, 범죄인의 경우 외국에 준함
물자교역	민족내부의 거래로 봄

⚖ 판례 |

1 품행이 단정할 것은 명확성에 위배되지 않는다(2014헌바421).

2 병역준비역에 편입된 별다른 접점이 없는 복수국적자 국적이탈 제한: 헌법불합치 (2016헌마889)

3 외국에 영주할 목적 없이 체류한 직계존속으로부터 태어난 자의 국적이탈 제한: 합헌 (2019헌바462)

4 외국에 주소 없는 자의 국적이탈 제한: 합헌 (2020헌바603)

5 부계혈통주의: 헌법불합치 (97헌가12)
   구법은 법이 개정되어 각하되었고 신법 부칙에서 규정하고 있는 부계혈통주의는 남녀평등에 반하는바 헌법에 위반된다. 또 10세는 본질적인 부분이 아니다.

6 영주권의 취득과 국적상실은 상관없다(80다2435).
   ▶ 시민권 취득은 국적과 관련됨

7 이혼으로 인한 국적상실은 상관없다(73마1051).

8 정부수립 이전 재외동포 차별 사건: 헌법불합치 (99헌마494)

9 재외선거인의 국민투표권 제한 사건: 헌법불합치 (2009헌마256)

10 재외국민 영유아 보육료·양육수당 지원 배제: 위헌 (2015헌마1047)

11 탈북의료인에게 한의사 자격을 부여할 입법의무는 발생하지 않는다(2006헌마679).

12 조선인을 부친으로 국적취득한 자는 한국인으로 본다(96누1221).

13 마약거래범죄자인 북한이탈주민을 미보호: 합헌 (2012헌바192)

14 신고를 하지 않은 외국환 거래 금지: 합헌 (2003헌바114)

제3절 한국헌법의 기본원리 총설

01 기본원리

헌법의 이념적 기초이면서 헌법의 지도원리이다. 선언적인 것이 아니라 구속적인 것이며 모든 법령의 해석기준이 된다. 기본원리에서 기본권을 도출할 수는 없으나 재판규범성은 인정한다.

02 헌법 전문

헌법 전문
유구한 역사와 전통에 빛나는 우리 대한국민(대한민국 ✕)은 3·1운동으로 건립된 대한민국 임시정부의 법통과 불의에 항거한 4·19민주이념(5·16혁명이념 ✕)을 계승하고, 조국의 민주개혁과 평화적 통일(평화적 통일정책 ✕)의 사명에 입각하여 정의·인도와 동포애로써 민족의 단결을 공고히 하고, 모든 사회적 폐습과 불의를 타파하며, 자율과 조화를 바탕으로 자유민주적 기본질서(자유민주적 시장경제질서 ✕)를 더욱 확고히 하여 정치·경제·사회·문화의 모든 영역에 있어서 각인의 기회를 균등히 하고, 능력을 최고도로 발휘

하게 하며, 자유와 권리에 따르는 책임과 의무를 완수하게 하여, 안으로는 국민생활의 균등한 향상을 기하고 밖으로는 항구적인 세계평화와 인류공영에 이바지함으로써 우리들과 우리들의 자손의 안전과 자유와 행복을 영원히 확보할 것을 다짐하면서 1948년 7월 12일에 제정(공포 ×)되고 8차(9차 ×)에 걸쳐 개정된 헌법을 이제 국회의 의결을 거쳐 국민투표에 의하여 개정한다.

헌법 전문에 규정이 없는 것		현행헌법에서 신설된 것
• 헌법개정의 곤란성 • 권력분립 • 침략전쟁의 부인 • 대한민국의 국가형태 • 헌법개정일자 • 인간의 존엄과 가치	• 자유민주적 기본질서에 입각한 평화적 통일정책 • 5·16 군사 정변 • 전통문화 계승 • 법치주의 • 복수정당제도	• 대한민국임시정부의 법통 • 4·19민주이념의 계승 (제5차 신설, 제8차 폐지, 제9차 부활) • 조국의 민주개혁의 사명 • 자율과 조화를 바탕으로 국회의 의결을 거침

03 헌법 전문과 본문의 연혁

구분	내용
헌법 전문	• 3·1운동 – 제헌헌법 • 임시정부 – 9차 개헌 • 평화적 통일 – 7차 개헌 • 자유민주적 기본질서 – 7차 개헌
제4조	• 평화통일 – 7차 개헌 • 자유민주적 기본질서에 입각한 – 9차 개헌
제7조	• 전체 국민에 대한 봉사자 – 5차 개헌 • 신분보장 – 3차 개헌
제10조	• 인간의 존엄과 가치 – 5차 개헌 • 행복추구권 – 8차 개헌
제12조	적법절차 – 9차 개정
제24조	• 선거권: 제2공 헌법에서 제5공 헌법까지는 헌법에서 20세로 규정 • 현행헌법에서 삭제하고 법률로 규정
제31조	평생교육 – 8차 개헌

04 헌법 전문의 규범적 효력

헌법재판소는 정당후보자에게 별도로 정당연설회를 할 수 있도록 하는 것은 헌법 전문에 반하여 위헌이라고 판시하여 규범력을 인정하고 있다(92헌마37 등).

05 기본권 도출

규범성을 긍정하지만 판례는 기본권이 도출되지는 않는다고 보고 있다(99헌마139 등).

06 국가의 의무 도출

국민의 권리와 의무는 도출되지 않으나 국가의 의무는 도출된다. 국가는 자주독립을 위하여 공헌한 독립유공자와 그 유족에 대해 응분의 예우를 해야 할 헌법적 의무를 지닌다.

> ⚖ **판례 |**
>
> **1 독립유공자 유족에 대한 예우는 국가의 의무이다**(2004헌마859).
>   ▶ 다만, 특정인을 꼭 인정해줘야 하는 것은 아니다.
> **2 원폭피해자들의 보호가 필요하며 그 의무는 지금의 정부에게 있다**(2008헌마648).

제4절 국민주권의 원리

주권은 대내적으로는 국가의 최고권력이며, 대외적으로는 독립성을 의미한다. 군주권을 강화하기 위해 탄생하였다.

> ⚖ **판례 |**
>
> 유권자가 설정한 국회의석분표에 국회의원들을 기속시키고자 하는 국회 구성권은 기본권이 아니다(96헌마186). - 오늘날 대의제도의 본질에 반하는 것

제5절 법치국가의 원리

01 법치행정

법률유보	본질성설에 근거하여 법에 근거해야 하며 국민의 기본권 실현에 관련된 영역에 있어서는 국민의 대표자인 입법자가 스스로 본질적 사항을 결정해야 한다.
법률우위	수권법률에 위배해서는 안 된다. 하위명령이 위헌이라고 해서 수권법률까지 위헌이 되는 것은 아니다.
체계정당성	위반된다고 하여 곧바로 위헌되는 것은 아니다. 합리적 이유 존재시 합헌이다.

> ⚖ **판례 |**
>
> 1 방송공사의 이사회가 텔레비전방송수신료를 결정한 사건: 헌법불합치 (98헌바70)
> 2 텔레비전방송수신료는 최종적으로 국회의 승인을 거친 경우: 합헌 (2006헌바70)

3 한국방송공사 수신료 분리징수 사건: 기각 (2023헌마820)

　심판대상조항은 수신료의 구체적인 고지방법에 관한 규정인바, 이는 수신료의 부과·징수에 관한 본질적인 요소로서 법률에 직접 규정할 사항이 아니므로 이를 법률에서 직접 정하지 않았다고 하여 의회유보원칙에 위반된다고 볼 수 없다.

4 청원경찰법 제5조: 합헌 (2008헌바160)

　이는 국가 행정주체와 관련되고 기본권의 보호가 문제되는 것이 아니어서 여기에 법률유보의 원칙이 적용될 여지가 없으므로, 그 징계에 관한 사항을 법률에 정하지 않았다고 하여 법률유보의 원칙에 위반된다 할 수 없다.

5 도시환경정비를 위한 토지소유자의 동의요건을 정관으로 정한 경우: 위헌 (2010헌바1)

6 병의 복무기간은 본질임 (85초13)

7 국가유공자단체의 대의원 선출에 관한 사항은 본질이 아님 (2005헌바31)

8 입주자대표회의의 구성은 본질이 아님 (2014헌바158)

9 사법시험 과락제도는 본질이 아님 (2004두10432)

02 포괄위임금지

포괄위임금지	구체적인 범위를 정하여 위임할 수 있다. 이 경우 법률로부터 하위명령에 규정될 내용의 대강을 예측할 수 있어야 한다.	
	적용 ×	조례, 자치정관
	엄격	형법, 조세
	완화	전문적, 변화 다양, 시혜, 예시

⚖ 판례 Ⅰ

1 1세대 1주택에 대한 양도소득세 면제: 합헌 (95헌가27)

2 새마을금고 임원의 대출한도: 합헌 (2004헌바14)

　금융시장은 복잡 다양하면서도 부단히 변동하기 때문

3 건축물 무단 용도 변경: 위헌 (94헌바22)

　구체적인 내용을 대통령령에 백지위임

4 의료위반행위를 보건복지부가족부령으로 정함: 위헌 (2010헌가93)

5 대도시를 대통령령으로 정함: 합헌 (2001헌바51)

6 식품접객업자의 의무를 총리령으로 정함: 위헌 (2014헌가6)

7 식품의약품안전처고시 위반자에 대한 처벌규정: 합헌 (2016헌바140) - 식품위생관리

8 전기요금의 결정에 관한 내용을 반드시 입법자가 규율해야 하는 것은 아니다(2017헌가25).

9 단말기 구매 지원금 상한제: 합헌 (2014헌마844)

10 보건복지부령으로 요약기관지정 취소 사유 제시: 위헌 (2001헌가30)

11 리베이트 원칙 금지 예외적으로 허용되는 경제적 이익수수의 범위: 합헌 (2013헌바374)

03 신뢰보호의 문제

정의	진정	과거에 완성된 사실 또는 법률관계를 규율대상으로 함
	부진정	이미 개시되었지만 아직 완결되지 않고 진행과정에 있는 사실 또는 법률관계
허용 여부	진정	원칙적 금지, 예외적 허용(5·18특별법, 친일반민족행위자 재산귀속)
	부진정	원칙적 허용, 비교형량이 필요
판단기준	신뢰이익	선행조치는 확정적이며 상대방의 신뢰는 보호가치 있어야 함
	비교형량	공익과 사익의 비교형량, 국가에 의해 유도된 경우는 더욱더 보호가 필요
	경과규정	유예규정, 예외규정, 보상규정
적용범위		제도운영지침의 개폐에도 적용
위헌인 법률		위헌으로 판단되기 전까지는 그 신뢰를 보호
법률의 존속		법률의 개정은 예측할 수 있다고 보아야 함

⚖ 판례 |

1 5·18특별법 사건: 합헌 (96헌가2 등)

비록 개별 사건 법률일지라도 헌정사의 올바른 정립이라는 합리적 이유가 있는바 합헌이다. 형벌불소급의 원칙은 얼마 동안 가능한가의 문제가 아니라 가벌성의 문제이다.

2 친일반민족행위자 재산의 국가귀속: 합헌 (2008헌바141)

진정소급입법이라 할지라도 예외적으로 소급입법을 정당화할 수 있는 경우에는 이를 허용할 수 있는바, 친일재산에 내포된 민족배반적 성격과 우리 헌법전문의 내용에 비추어 친일재산의 소급적 박탈은 충분히 예상될 수 있었다.

3 일본인 재산의 처리 및 귀속: 합헌 (2018헌바88)

공포 전 재산 거래까지 전부무효로 보고 있다(진정소급입법). 다만 공익이 훨씬 중대하여 합헌이다.

4 전액 지급된 공무원의 퇴직연금의 일부환수: 위헌 (2011헌바391)

5 개정된 법 시행 후 최초로 환급세액을 징수하는 분부터 적용: 위헌 (2012헌바105)

---

04 명확성의 원칙

▶ 명확성원칙에서 혼동되는 것들

위헌	합헌
일반적인 도덕	당연퇴직공무원 판례에서의 도덕
중요한 회의	징계에서의 중요한 절차
불온통신	불온서적
언론·출판에서의 미풍양속	보통의 미풍양속
언론·출판에서의 공익	보통의 공익
선거운동에서 언론인	김영란법 언론인

사안	위헌 여부	내용
직업안정법 제46조 공중도덕상 유해 (2004헌바29)	위헌	공중도덕은 기술적 개념이 아니라 가치개념을 포함한 규범적 개념으로서 구체적인 행위의 지침으로 사용될 경우 개인에 따라서 그리고 시간과 장소, 구체적 사정에 따라서 그 위반 여부가 크게 달라질 수밖에 없다.
감사보고서에 기재해야 할 사안 (2002헌가20 등)	위헌	주식회사의 외부감사에 관한 법률이나 상법 등 관련 법률들은 감사보고서에 기재하여야 할 사항이 어떠한 내용과 범위의 것을 의미하는지에 관하여는 별도로 아무런 규정을 두고 있지 않다.
미성년자보호법상 잔인성 (99헌가8)	위헌	음란성은 법관의 보충적인 해석을 통하여 그 규범내용이 확정될 수 있지만, 잔인성에 대하여는 아직 판례상 개념규정이 확립되지 않은 상태이다.
정부관리기업체 (93헌바50)	위헌	정부, 관리, 기업체라는 세 가지 개념요소 중 관리라는 용어는 적어도 구성요건의 개념으로서는 그 의미가 지나치게 추상적이고 광범위하다.
학교보건법상 미풍양속 (2004헌바92)	합헌	미풍양속을 해하는 행위 및 시설 중에서도 학교의 보건·위생과 학습환경에 나쁜 영향을 주는 행위 및 시설을 의미한다고 해석할 수 있다.
징계의 중요한 절차 (2006헌가9)	합헌	중요한 절차에 관한 사항이란 기본적으로 징계의 효력에 영향을 미칠 수 있는 절차로 그 의미를 제한하여 확정할 수가 있을 것이다.
인권옹호에 관한 검사의 명령 (2006헌바69)	합헌	범죄수사과정에서 초래될 각종 인권 침해의 모습은 언제 어떻게 변화된 새로운 양상으로 나타날지 모르기 때문에 인권옹호에 관한 검사의 명령유형을 구체적으로 한정하는 것은 입법기술상 불가능하거나 현저히 곤란하다.
청소년이용 음란물 (2001헌가27)	합헌	건전한 상식과 통상적인 법감정을 가지고 있는 사람이라면 이 사건 청소년이용 음란물에는 실제 인물인 청소년이 등장하여야 한다고 보아야 함이 명백하다.
감사보고서에 허위의 기재 (2002헌가20)	합헌	자기의 인식판단이 감사보고서에 기재된 내용과 불일치하는 것임을 알고서도 일부러 내용이 진실이 아닌 기재를 하는 것을 말하는 것으로 볼 수 있다.
지정시간, 지정장소 (97헌바3)	합헌	근무장소, 지정장소, 지정시간 등도 구체적인 상황의 고려하에 법령, 규칙, 사회의 통념에 따라 그 해당 여부를 판단할 수 있다 할 것이다.
당연퇴직공무원 특별채용 배제사유로 도덕성을 심히 훼손 (2003헌바4)	합헌	이 사건 법률조항은 시혜적인 규정이고, 법관의 보충적인 가치판단을 통하여 법문의 의미내용을 확인할 수 있는 규정으로 보인다.
마약거래범죄자의 미보호 (2012헌바192)	합헌	마약거래범죄자인 북한이탈주민을 보호대상자로 결정하지 않을 수 있도록 한 것은 합헌이다.
소비자를 현혹할 우려 (2013헌바28)	합헌	'소비자를 현혹할 우려가 있는 내용의 광고'란 의료소비자를 혼란스럽게 하고 합리적인 선택을 방해할 것으로 걱정되는 광고를 의미하는 것으로 해석할 수 있다.
가상의 아동·청소년 음란물 (2013헌가17·24)	합헌	'아동·청소년으로 인식될 수 있는 사람이나 표현물이 등장하여 그 밖의 성적 행위를 하는 내용을 표현하는 것'에 관한 부분은 명확성원칙에 위배되지 않는다.
국가모독죄 (2013헌가20)	위헌	의미내용이 불명확할 뿐만 아니라, 적용범위가 지나치게 광범위하다.

명예훼손죄 (2013헌바105)	합헌	비방할 목적이라는 초과주관적 구성요건을 추가로 요구하여 규제범위를 최소화 하고 있으며, 민사상 손해배상으로 구제받을 수도 있다.
도로 외의 곳에서도 음주운전 금지 (2015헌가11)	합헌	'도로 외의 곳'이란 도로 외의 모든 곳 가운데 자동차 등을 그 본래의 사용방법에 따라 사용할 수 있는 공간으로 해석할 수 있다.
출퇴근을 주된 목적으로 카풀 (2018헌바100)	합헌	출퇴근 카풀의 기준을 충분히 예측할 수 있다.
문신시술 (2003헌바71)	합헌	의사 아닌 자가 영리목적의 업으로 문신시술하는 것을 의료행위로 보아 금지하는 것은 명확성에 위반되지 않는다.
고속도로 등에서 갓길 통행 금지 (2020헌바100)	합헌	비상상황에서 적절한 대처를 하기 위해 다양한 상황을 포섭할 수 있는 부득이한 사정을 사용한다.
못된 장난 (2021헌마426)	기각	'못된 장난'은 일반적으로 상대방의 수인한도를 넘어 괴롭고 귀찮게 하는 고약한 행동을 의미한다.

05 관련 판례

> ⚖ **판례 |**
>
> 1 **5 · 31교육개혁방안: 기각** (97헌마38)
> 폐기될 것인지 또는 변경수용될 것인지가 유동적인 상태에 있던 성질의 것으로 신뢰이익 침해가 아니다.
>
> 2 **운전학원 미등록자의 운전교습 금지: 기각** (2001헌마447)
>
> 3 **공유수면매립지 양도소득세 등의 감면제도 잠정적 축소: 합헌** (93헌바18)
>
> 4 **저작인접권을 회복 유상으로 사용: 합헌** (2012헌마770)
>
> 5 **세무사 자격상실: 헌법불합치** (2000헌마152)
> 세무사법 개정으로 인하여 더 이상 경력직 공무원에 대해서 세무사 자격을 부여하지 않는 것은 신뢰이익의 침해인바 헌법에 반한다.
> ▶ 관세사와 법무사: 기각
>   변리사: 헌법불합치
>
> 6 **공무원채용시험시행계획: 취소** (99헌마123)
> 이미 1차 시험에 합격하였음에도 불구하고 시험계획을 변경하는 것은 당사자의 신뢰보호원칙에 위배되는 바 취소한다.
>
> 7 **후임자가 임명될 때까지 국회사무처직원의 신분보장: 위헌** (89헌마32 등)
>
> 8 **산재보험법상 최고보상제도의 소급적용: 위헌** (2005헌바20 등)
> 청구인들의 구법에 대한 신뢰이익은 그 보호가치가 중대하고 그 침해의 정도가 극심하며 신뢰침해의 방법이 과중하다(2년 6개월의 유예기간도 짧다).
> ▶ 다만, 이후 8년간 유예기간을 주고 최고보상제도를 적용하며 간병급여 등 다른 혜택을 주는 경우는 헌법에 위반되지 않는다(2012헌바382 등).

9 퇴직한 공무원의 지방의회의원에 취임시 연금 전액 지급 정지: 헌법불합치 (2019헌바161)

지방의회의원으로서 받게 되는 보수가 연금에 미치지 못하는 경우에도 연금 전액의 지급을 정지하는 것이 재산권을 과도하게 제한하여 헌법에 위반된다.

10 판사임용자격 조건 변경: 위헌 (2011헌마786)

이 조건을 이미 사법연수원에 입소한 사람들에게 적용되도록 한 것은 신뢰보호 위반

11 개성공단 전면중단 조치: 기각 (2016헌마364)

이해관계자 등의 의견청취절차는 적법절차 원칙에 따라 반드시 요구되는 절차가 아니다. 전면중단 조치는 헌법과 법률에 근거한 조치로 보아야 한다.

12 법 시행 전 6인승 밴형화물자동차: 한정위헌 (2003헌마226)

13 법 시행 후 차량 교체시 개정법 적용: 기각 (2010헌마482)

14 교육공무원의 정년을 62세로 단축: 기각 (99헌마112)

15 인터넷컴퓨터게임시설제공업의 등록제: 합헌 (2009헌바28)

16 무기징역의 가석방방요건을 10년에서 20년으로 강화: 기각 (2011헌마408)

17 선불식 할부거래의 경우 보상보험계약 체결시 소급적용: 합헌 (2015헌바240)

18 미성년자 등에 대한 성폭력범죄 공소시효 특례조항: 합헌 (2018헌바457)

19 국립묘지의 영예성: 합헌 (2010헌바272)

전문가인 안장대상 심의위원회가 결정

20 중요한 회의: 위헌 (2010헌가29)

▶ 징계의 중요한 절차와 비교

21 변호사로서의 품위: 합헌 (2010헌바454)

22 가려야 할 곳을 내놓은 사항: 위헌 (2016헌가3)

23 다량, 토사, 현저히 오염: 위헌 (2011헌가26)

24 근무조건과 직접 관련되지 아니하는 사항: 합헌 (2012헌바169)

25 토지의 형질변경: 합헌 (2010헌바86)

26 법률 사건과 알선: 합헌 (2012헌바62)

27 회복하기 어려운 손해는 명확성에 반하지 않는다(2016헌바208).

28 어린이집 수납한도액 초과시 시정명령: 합헌 (2016헌바249)

29 외국 치과, 의과대학 졸업자에 대한 예비시험: 기각 (2002헌마611)

30 자동차매매사업조합의 중고자동차 성능점검 배제: 기각 (2005헌마424)

31 사법시험 제1차 시험에서의 법학과목 이수제도: 합헌 (2003헌마947)

32 합성수지 재질의 도시락 용기 사용금지: 합헌 (2003헌마428 등)

33 퇴직 당시의 보수월액에서 평균보수월액으로 변경: 합헌 (2001헌마194)

34 건전한 통신윤리: 합헌 (2011헌가13)

35 가족 중 성년자가 예비군훈련 소집통지서를 예비군대원 본인에게 전달: 위헌 (2019헌가12)

36 성폭법상 주거침입강제추행 · 준강제추행죄: 위헌 (2021헌가9)
   ▶ 5년 이상인 경우: 합헌
   7년 이상인 경우: 위헌
   주거침입절도와 결합시 7년 이상: 합헌

37 어린이 보호구역에서 교통사고로 어린이를 상해나 사망에 이르게 한 경우를 가중처벌: 기각 (2020헌마460)

38 이행강제금 도입 전의 위법건축물에도 이행강제금 부과: 합헌 (2013헌바248)

39 군형법상 추행사건: 기각 (2017헌가16)
   동성 군인 사이의 합의에 의한 성적 행위라 하더라도 그러한 행위가 근무장소나 임무수행 중에 이루어
   진다면 처벌해야 한다.

제6절 사회국가의 원리

사회국가원리는 인간의 존엄에 적합한 기본적 생활수요를 보장하고 국민의 생활여건을 조성하는 것이 국
가의 책임이면서 그것에 대한 요구가 국민의 권리로서 인정되는 국가원리이다.

01 수용방법

구분	사회적 기본권	사회국가조항	국가
1유형	×	○	독일 기본법
2유형	○	×	바이마르, 우리나라
3유형	○	○	이탈리아
4유형	×	×	미국(적법절차를 통한 실현)

02 한계

보충성 원칙		사회국가	복지국가(급양국가)
	1차적 책임	개인 · 사회	국가
	부차적 책임	국가	개인 · 사회
기본권 제한시	합헌적 법률유보의 원칙, 과잉금지원칙, 본질적 내용침해금지원칙 등		
국가재정상	현실적 한계		

제7절 경제적 기본질서

> **헌법 제119조** ① 대한민국의 경제질서는 개인과 기업의 경제상의 자유와 창의를 존중함을 기본으로 한다.
> ② 국가는 균형 있는 국민경제의 성장 및 안정과 적정한 소득의 분배를 유지하고, 시장의 지배와 경제력의 남용을 방지하며, 경제주체간의 조화를 통한 경제의 민주화를 위하여 경제에 관한 규제와 조정을 할 수 있다.

01 성격

사회적 시장경제질서로서의 성격을 가진다.

02 경제조항의 의미

① 헌법 제119조 제1항은 자유의 근거이며, 제2항은 규제·제한을 정당화하는 근거이다.
② '경제적 자유와 창의'는 직업의 자유, 재산권의 보장, 근로3권과 같은 경제에 관한 기본권 및 비례의 원칙과 같은 법치국가원리에 의하여 비로소 헌법적으로 구체화된다.
③ 헌법 제119조는 하나의 지침일 뿐 독자적 위헌심사기준은 될 수 없다.
④ 기본권 제한을 정당화하는 공익은 예시에 불과하다.

03 경제적 기본질서 조문

제120조	① 광물 기타 중요한 지하자원·수산자원·수력과 경제상 이용할 수 있는 자연력은 법률이 정하는 바에 의하여 일정한 기간 그 채취·개발 또는 이용을 특허할 수 있다. ② 국토와 자원은 국가의 보호를 받으며, 국가는 그 균형 있는 개발과 이용을 위하여 필요한 계획을 수립한다.
제121조	① 국가는 농지에 관하여 경자유전의 원칙이 달성될 수 있도록 노력하여야 하며, 농지의 소작제도는 금지된다. ② 농업생산성의 제고와 농지의 합리적인 이용을 위하거나 불가피한 사정으로 발생하는 농지의 임대차와 위탁경영은 법률이 정하는 바에 의하여 인정된다.
제122조	국가는 국민 모두의 생산 및 생활의 기반이 되는 국토의 효율적이고 균형 있는 이용·개발과 보전을 위하여 법률이 정하는 바에 의하여 그에 관한 필요한 제한과 의무를 과할 수 있다.
제123조	① 국가는 농업 및 어업을 보호·육성하기 위하여 농·어촌종합개발과 그 지원 등 필요한 계획을 수립·시행하여야 한다. ② 국가는 지역간의 균형 있는 발전을 위하여 지역경제를 육성할 의무를 진다. ③ 국가는 중소기업을 보호·육성하여야 한다. ④ 국가는 농수산물의 수급균형과 유통구조의 개선에 노력하여 가격안정을 도모함으로써 농·어민의 이익을 보호한다. ⑤ 국가는 농·어민과 중소기업의 자조조직을 육성하여야 하며, 그 자율적 활동과 발전을 보장한다.
제124조	국가는 건전한 소비행위를 계도하고 생산품의 품질향상을 촉구하기 위한 소비자보호운동을 법률이 정하는 바에 의하여 보장한다.

제125조	국가는 대외무역을 육성하며, 이를 규제·조정할 수 있다.
제126조	국방상 또는 국민경제상 긴절한 필요로 인하여 법률이 정하는 경우를 제외하고는, 사영기업을 국유 또는 공유로 이전하거나 그 경영을 통제 또는 관리할 수 없다.
제127조	① 국가는 과학기술의 혁신과 정보 및 인력의 개발을 통하여 국민경제의 발전에 노력하여야 한다. ② 국가는 국가표준제도를 확립한다. ③ 대통령은 제1항의 목적을 달성하기 위하여 필요한 자문기구를 둘 수 있다.
조문 ×	1. 한국은행 독립성 / 2. 토지생산성재고 / 3. 독과점의 규제와 조정 / 4. 환경보호운동보장 / 5. 국토의 효율적이고 지속 가능한 개발과 보전 / 6. 사회국가원리 / 7. 소비자의 권리

⚖ 판례 Ⅰ

1 **자동차의 피해자 구제를 위한 무과실책임:** 합헌 (96헌가4 등)

2 **주택조합의 조합원 자격을 무주택자로 한정:** 합헌 (92헌바43)

3 **의료광고를 전면 규제:** 위헌 (2003헌가3)

4 **소득계층에 관계없이 동일한 세율의 적용:** 기각 (98헌마55)
   누진세율에 따른 종합과세를 시행하여야 할 구체적인 헌법적 의무가 존재하지 않는다.

5 **국제그룹의 해체:** 위헌확인 (89헌마31)
   제일은행장의 조치는 형식상은 공권력행사에 해당하지 않으나 실질적으로는 권력적 사실행위라고 볼 수 있다. 손해배상청구 등은 반드시 거쳐야 하는 것이 아닌바 이는 보충성의 원칙에 위배되지 않는다. 제소 기간을 도과하였으나 정당한 사유가 있는 경우 허용된다. 국가가 사기업의 경영에 간섭한 사건인바 이는 위헌이다.

6 **국산영화의무상영제:** 기각 (94헌마125)

7 **부동산중개업 법정수수료:** 기각 (2000헌마642 등)

8 **이자제한법폐지법률의 위헌 여부:** 합헌 (2000헌바7)

9 **IMF극복을 위한 금융소득의 분리과세:** 합헌 (98헌마55)

10 **위헌인 법률에 대한 신뢰:** 기각 (2005헌마598)
   위헌인 법률에 대한 신뢰는 인정되지만, 그 보호의 정도는 합헌적인 법률에 기초한 신뢰와 동일한 정도의 보호까지 요청할 수 없다고 하였다.

11 **신문판매업에 있어서 무가지 제한:** 기각 (2001헌마605)

12 **도서정가제를 원칙으로 10%의 경제상 이익제공:** 각하 (2010헌마602)

13 **중계유선방송사업자의 보도논평금지:** 합헌 (2000헌바43)

14 **유사수신행위 규제:** 합헌 (2002헌바4)

15 **피라미드 판매방식 규제:** 합헌 (96헌바12)

16 **자경업자에 한해 양도소득세 면제:** 합헌 (2003헌바2)

17 **우선매각대상자를 도시 개발사업의 사업시행자로 한정:** 합헌 (2008헌마711)

18 **농지의 위탁경영 원칙적 금지:** 기각 (2018헌마362)

19 **자조조직의 육성의무:** 제대로 활동하고 있는 경우 소극적 의무 수행, 제대로 기능하지 못하는 경우에는 적극적 육성해야 할 의무 수행 (99헌마553)

20 창고면적의 최소기준: 합헌 (2012헌마811)

21 대형마트 영업규제: 합헌 (2016헌바77)

22 도서정가제: 기각 (2020헌마104)

제8절 문화국가의 원리

01 의의

문화국가란 국가로부터 문화활동의 자유가 보장되고 국가에 의하여 문화활동이 보호 · 지원 · 조종되어야 하는 국가를 말한다.

02 한계

문화의 가치와 방향 설정을 국가가 하여서는 안 된다. 최대한 중립적이어야 한다. 불편부당의 원칙이다.

⚖ 판례 |

1 **문화향유권** (2003헌가1)
  엘리트문화뿐만 아니라 서민문화, 대중문화도 그 가치를 인정하고 정책적인 배려의 대상으로 하여야 한다.

2 **문화정책 – 불편부당의 원칙이 가장 바람직** (2003헌가1)

3 **학교정화구역 내 시설 금지** (2003헌가1 등)
  학교정화구역 내에서 극장시설 및 운영을 금지하는 것은 대학교의 경우는 위헌이며, 초중고의 경우는 헌법불합치 판결을 받았다.

설치금지	극장	여관	당구장	노래연습장	PC방
유치원	헌법불합치	합헌	위헌	–	합헌
초중고	헌법불합치	합헌	합헌	합헌	합헌
대학교	위헌	합헌	위헌	–	합헌

4 **사업시행자의 문화재발굴비용부담: 합헌** (2009헌바244)

5 **문화재의 보유, 보관행위의 형사처벌: 위헌** (2003헌마377)
  선의취득 등 사법상 보유권한의 취득 후에 도굴 등이 된 정을 알게 된 경우까지 처벌의 대상으로 삼고 있어 이는 사회적 제약을 넘어 헌법에 반한다(은닉은 합헌).

6 **전통사찰 경내지의 공용수용: 헌법불합치** (2001헌바64)
  문화유산은 가치보상이 아니라 존속보장이 핵심이다. 공용수용을 시도하는 주체가 국가기관인지 사인인지는 중요한 것이 아니다. 따라서 이를 차별하는 것은 헌법에 반한다(재산권 침해는 아님).

7 **18세 미만자 노래연습장 출입금지: 기각** (94헌마13)

8 **관습화된 문화요소에 대한 국가의 지원은 문화국가원리에 위배되지 않는다**(2008두16933).

제9절 국제평화주의

01 침략적 전쟁의 부인

헌법 전문은 국제평화주의를 표방하며 헌법 제5조 제1항은 침략전쟁을 금지하고 있다. 그러나 이는 자위전쟁까지 금지하는 것은 아니며 여기에는 집단적인 자위전쟁까지 포함한다.

02 외국인의 법적 지위

여기서 외국인은 외국국적 보유자뿐만 아니라 무국적자도 포함한다(거주·이전의 자유와 비교). 외국인의 법적 지위는 상호주의가 원칙이다.

03 국제법 존중주의

조약이란 명칭을 불문하고 관계당사자를 법적으로 구속할 의도로 국제법 주체 상호간에 체결된 문서로 된 합의를 의미한다. 예외적으로 구두 가능하다.

04 절차적 요건 – 국회의 동의

> **헌법 제60조** ① 국회는 상호원조 또는 안전보장에 관한 조약, 중요한 국제조직에 관한 조약, 우호통상항해 조약, 주권의 제약에 관한 조약, 강화조약, 국가나 국민에게 중대한 재정적 부담을 지우는 조약 또는 입법 사항에 관한 조약의 체결·비준에 대한 동의권을 가진다.
> ② 국회는 선전포고, 국군의 외국에의 파견 또는 외국군대의 대한민국 영역 안에서의 주류에 대한 동의권을 가진다.

취지	• 국민의 권리·의무·중요사항에 대한 의사결정 • 대통령에 대한 민주적 통제	
과정	서명 ➜ "동의" ➜ 비준 ➜ 공포	
효력	동의 필요	동의 불요
	• 열거조항 • 우호통상항해조약 • 한미주둔군지위협정	• 비자협정, 행정협정, 문화교류협정 • 어업조약, 무역조약

05 실체적 요건 – 헌법에 합치

1. 조약과 헌법의 충돌

이원론의 경우 국제법인 조약과 국내법인 헌법은 서로 다른 체계로 사법심사가 안 된다고 보지만, 오늘날 통설은 헌법 아래 조약이 있는, 즉 일원론을 취하고 있다. 따라서 사법심사가 당연히 가능하다.

2. 사법심사

(1) 심사기관

국회동의 ○	헌법재판소
국회동의 ×	대법원이 원칙, 헌법재판소도 가능

(2) 위헌 조약의 효력

국내법적 효력 상실

3. 일반적으로 승인된 국제법규

인정		불인정
• 전쟁법 일반원칙 • 조약준수원칙 • 민족자결원칙 • 대사·공사 법적 지위 제원칙 • UN헌장 • 1928년 부전조약(전쟁포기협약) • 국제인권규약 • 제네바협정 • Genocide 금지협정	• IMF협정 • 마라케쉬협정 • SOFA협정 • 국제인권규약A • ILO(87·98·29)(비준 ○)	• UN인권선언, 포츠담선언 • 신사협정, 공동성명 • 국제인권규약B(가입시 유보) • ILO(105)(비준 ×)

⚖ 판례 |

1 한일어업협정: 기각 (99헌마139 등)
헌법 전문에서는 기본권이 도출되지 않는다. 영토권은 영토조항만을 근거로 파생되는 기본권이라 할 수 없으며, 이는 독도를 우리 영토에서 배제하는 협정이 아니다. 합의의사록은 조약이 아닌바 국회의 심의, 표결권 또한 침해하지 않는다.

2 정치범 불인도의 원칙 (84도39)
정치범 불인도의 원칙은 국제법상 확립된 원칙이나 정치적 피난민에 대한 보호는 국제법상 보장이 확립된 것이 아니다. 다만, 망명권은 불인정한다.

3 미군기지 이전은 자기결정권은 보호범위 밖: 각하 (2005헌마268)

4 한미주둔군 지위협정: 합헌 (97헌가14)
이는 양 국가 간 합의로 국민의 권리의 변동을 직접적으로 초래하는 것으로 해석될 수는 없다. 비자기집행조약임에도 불구하고 우리 헌재는 위헌법률심사를 하였다.

5 마라케쉬협정으로 처벌하는 것은 죄형법정주의에 합치: 합헌 (97헌바65)

6 **결사의 자유위원회의 권고** (2003헌바50)

일반적으로 승인된 국제법규라고 볼 수 없다.

7 **비엔나협약:** 각하 (96다16940)

강제집행권은 재산권이라 볼 수 없는바 각하당했다. 보상을 해 줄 입법의무도 없다고 판시하였다.

8 **사립학교교원의 노동운동 금지:** 합헌 (89헌가106)

인권에 관한 세계선언은 법적 구속력이 없으며 가입 당시 유보한 조약은 위헌성의 척도가 될 수 없다.

9 **국제노동기구 제105호 조약은 우리나라가 비준한 바 없다**(97헌바23).

10 **부정수표발행에 대한 형사처벌은 국제인권규약에 위배되지 않는다**(99헌가13).

11 **양심적 병역거부는 일반적으로 승인된 국제법규가 아니다**(2008헌가22 등).

12 **동맹 동반자 관계를 위한 전략대화 출범에 관한 공동성명은 조약이 아니다**(2006헌마500).

2025 해커스경찰
박철한 경찰헌법 핵심요약집

제2편

기본권론

제1장 | 기본권 총론
제2장 | 인간의 존엄성·행복추구권·평등권
제3장 | 자유권적 기본권
제4장 | 경제적 기본권
제5장 | 정치적 기본권
제6장 | 청구권적 기본권
제7장 | 사회적 기본권
제8장 | 국민의 의무

제1장 기본권 총론

제1절 기본권의 주체

01 자연인

(1) 국민

모두 인정된다.

① **태아**
  ㉠ 예외적으로 생명권의 주체가 된다.
  ㉡ 최근 초기배아의 경우 자궁에 착상 전인 경우에는 부정하였다(2005헌마346).
  ㉢ 다만, 보호의무는 인정된다.
② **사자**: 예외적으로 명예권의 주체성이 인정된다.
③ **미성년자**: 당연히 인정된다. 다만, 기본권 행사능력이 성인보다 더 많이 제한될 뿐이다.

(2) 외국인

성질상 허용되는 경우 모두 허용, 다만 상호주의에 따른 제한이 있을 뿐이다. 대법원은 망명권 또는 정치적 비호권 등을 헌법상 명문규정이 없는바 인정하기 어렵다고 하였다. 또한, 근로의 권리에서도 주체성을 인정하기 어렵다(판례는 긍정).

원칙적 허용	인간의 존엄과 행복추구권, 평등권, 자유권적 기본권, 경제적 기본권, 청구권적 기본권
성질상 제한	사회적 기본권, 망명권(일관되지 않음), 입국의 자유, 정치적 기본권

(3) 이중적 지위

지자체장이나 대통령의 경우 이중적 지위를 가진다. 즉, 국민의 지위에서는 기본권의 주체가 되지만 대통령이나 지자체장의 지위에서는 기본권 주체가 될 수 없다. 대통령의 지위가 아닌 정당의 당원으로서의 지위라면 기본권 주체성을 긍정할 수 있다. 지자체장의 경우에도 사적인 영역에서는 기본권 주체가 될 수 있다(2007헌마843).

국가기관	검사와 순경 사이 인신구속으로 다툼, 주민의 복리증진
국민	당원으로 의사표명, 주민소환, 선거기획참여 금지

02 법인

원칙적 허용	인격권, 평등권, 직업선택, 종교행사, 집회, 결사, 언론출판, 학문, 예술, 재산권, 거주·이전
성질상 제한	양심, 신앙, 사생활(학설대립), 주거(학설대립), 인간의 존엄과 가치
부분기관	단체는 구성원을 위해서 대신 헌법소원을 제기할 수 없고, 구성원도 단체를 위해 대신 헌법소원을 제기할 수 없다. 또한 인천대학 기성회 이사회나, 감독위원회와 같은 부분기관은 기본권 주체가 될 수 없다(2009헌마149). **《주의》** 다만, 대한예수교장로회신학연구원과 한국신문편집인 협회는 독립단체임

03 공법인

(1) 원칙적으로 부정하며, 예외적으로 긍정한다.

(2) 판례는 공법인은 의무의 주체이기 때문에 기본권 주체가 원칙적으로 될 수 없다고 한다(혼동 논거, 동일성 논거). 다만, 예외적으로 서울대, 세무대, KBS의 경우 긍정하고 있다.

⚖️ **판례 |**

1 **국회노동위원회 고발 사건: 각하** (93헌마120)
국회노동위원회는 기본권의 수범자이지 소지자가 아닌바 각하되었다.
  ▶ 그러나 서울대와 세무대학은 인정하였다. KBS도 긍정되었다.
     한국영화인협회의 감독위원회는 부정하였다.

2 **정당도 기본권 주체** (2004헌마208, 2004헌마246)

3 **초기배아의 기본권 주체성: 부정** (2005헌마346)
  ▶ 보호의 필요성은 긍정

4 **대한예수교장로회 총회신학연구원 별개의 비법인재단** (99헌바14)

5 **외국인의 기본권 주체성: 각하** (2013헌마359)
  ▶ 직업의 자유: 헌법 ×, 법률 ○, 직장선택의 자유: 제한적 향유

제2절 기본권의 효력

01 기본권의 대국가적 효력

기본권은 당연히 국가에게 주장할 수 있다.

02 기본권의 대사인적 효력

우리나라의 경우 대사인효에 관한 직접적 조문이 없어서 학설에 근거하고 있다. 판례는 기본권 규정은 그 성질상 사법관계에 직접 적용될 수 있는 예외적인 것을 제외하고는 사법상의 일반원칙을 규정한 민법 제2조, 제103조, 제750조, 제751조 등의 내용을 형성하고 그 해석기준이 되어 간접적으로 사법관계에 효력을 미치게 된다고 판시하였다(2008다38288).

간접적용설	기본권 이중성론, 기본권 효력 확장이론	
	사인 간 적용(○)	사인 간 적용(×)
기본권 기준설 (현행헌법상)	• 노동3권 • 언론 · 출판의 타인명예침해 금지 (다수는 긍정)	<신체의 자유> • 죄형법정주의, 사전영장주의 • 이중처벌금지, 연좌제 금지 • 무죄추정원칙 • 불리한 진술거부권
	• 인간의 존엄과 가치 • 행복추구권 • 환경권(다수는 부정)	• 변호인의 조력을 받을 권리 • 공정한 재판받을 권리 등 <청구권> • 청원권, 국가배상청구권 등 <제도> • 직업공무원제도 • 지방자치제도, 정당제도

제3절 기본권의 경합과 충돌

01 경합과 충돌의 비교

구분	기본권의 경합(경쟁)	기본권의 상충(충돌)
갈등	기본권 간 갈등	기본권 주체 간 갈등
발생	단일 공권력 ➡ 단일 주체의 여러 기본권 제약	복수의 기본권 주체 ➡ 국가에 대해 기본권 주장
진정	경찰의 집회 해산 ➡ '집회의 자유', '의사표현의 자유' 제약	임산부의 출산결정권 ↔ 태아의 생명권
부진정 · 유사	상업광고 강제 철거 ➡ '영업의 자유'(○), '예술의 자유'(×)	생명권 ↔ (살인행위 ➡ '예술의 자유' 범위에 포함 ×)

02 부진정 · 유사 충돌

구분	판례	관련 기본권
1	이라크전쟁 반대 집회	집회의 자유 ○, 노동3권 ×
2	출퇴근 중 업무상 재해 (2014헌바254)	평등권 중심 ○, 공정한 재판 ×
3	정신질환자 입원 (2014헌가9)	신체의 자유 중심 ○, 자기결정권, 통신의 자유 ×
4	변호인이 수용자에게 보낸 서신 개봉 (2019헌마973)	변호인의 조력받을 권리 중심 ○, 통신의 비밀 ×
5	여자약학대학 입학정원 배정 (2018헌마566)	직업선택의 자유 중심 ○, 평등 ×

6	사립유치원 교비회계 지정 처리 (2019헌마542)	사립학교 운영의 자유 중심 ○, 직업과 일반적 행동은 판단 ×, 재산권 제한 ×
7	성폭력치료프로그램 이수 (2016헌바153)	일반적 행동 자유 ○, 신체의 자유 ×
8	인터넷 언론사 인력 5명 이상 상시채용 (2015헌마1206)	언론의 자유 중심 ○, 직업의 자유 ×
9	집필문의 외부반출 불허 (2015헌마924)	통신의 자유 ○, 예술창작 ×, 표현의 자유 ×
10	음식점 전체를 금연구역 (2015헌마813)	직업의 자유 ○, 재산권 ×
11	노인복지시설 신고 (2015헌바46)	종교의 자유 ○, 인간다운 생활 ×, 거주·이전의 자유 ×
12	증명서를 형제자매가 발급 (2015헌마924)	개인정보 중심 ○, 행복추구권 ×, 사생활 ×
13	집행유예와 사회봉사 (2010헌바100)	일반적 행동 자유 ○, 신체의 자유 ×, 직업의 자유 ×
14	변호사시험 응시횟수 제한 (2016헌마47)	공무담임권 ×, 직업의 자유 ○, 평등권 ×
15	변호사시험 응시 자격 (2016헌마713)	공무담임권 ×, 직업의 자유 ○, 평등권 ○
16	비어업인 수산자원 포획금지 (2013헌마450)	일반적 행동 자유 중심 ○, 평등권 ×
17	성범죄자 신상 등록 (2015헌마548)	진술거부권 ×, 직업선택의 자유 ×, 인간다운 생활 ×, 거주·이전의 자유 ×, 개인정보자기결정권 ○
18	연안체험활동운영시 보험가입 (2015헌마923)	재산권 ×, 인간다운 생활 ×, 직업의 자유 ○, 계약의 자유 ○
19	300일 내에 출생한 자 친생자 추정 (2013헌마623)	인격권 ○, 행복추구권 ○, 혼인과 가족생활에 관한 기본권 ○, 사생활의 비밀 ×, 성적 자기결정권 ×, 재산권 ×
20	가산점 적용자 선발예정인원의 30% 초과 금지 (2014헌마541)	직업의 자유 ×, 평등권 ○
21	서울광장 통행금지 (2009헌마406)	일반적 행동 자유 ○, 거주·이전의 자유 ×
22	이륜차 통행금지 (2005헌마1111 등)	일반적 행동 자유 ○, 거주·이전의 자유 ×, 직업의 자유 ×
23	발송인의 승인을 받은 수취인만 손해배상 청구 가능 (2013헌바383)	재산권 ○, 통신의 자유 ×, 재판청구권 ×
24	직선제 조합장선거의 선거운동 기간 및 방법 제한 (2016헌바372)	표현의 자유 ○, 결사의 자유 ○, 선거권 ×
25	표본조사대상 가구에 대한 방문 면접조사 (2015헌마1094)	사생활의 자유 ×, 주거의 자유 ×, 종교의 자유 ×, 개인정보자기결정권 ○
26	퇴직연금 수급요건 조항의 적용대상을 제한 (2015헌마933)	평등권 ○, 재산권 ×, 인간다운 생활을 할 권리 ×, 직업의 자유 ×
27	교육대학교 등 수시모집 입시요강 (2016헌마649)	직업선택과 평등은 별도 판단 ×, 교육을 받을 권리 중심 ○

28	수능시험의 EBS 교재 연계 출제 (2017헌마691)	교육을 통한 자유로운 인격발현권 ○, 성인 자녀를 둔 부모의 교육권 ×, 교사의 기본권 ×, 능력에 따라 균등하게 교육을 받을 권리 ×
29	농업협동조합 조합장의 재임 중 기부행위를 처벌 (2016헌바370)	평등권 ○, 일반적 행동자유권 ○, 재산권 ×, 직업의 자유 ×, 단체활동의 자유 ×
30	항공기 탑승객에 대한 추가 보안검색 (2016헌마780)	인격권 ○, 신체의 자유 ○, 알 권리 ×
31	선거범죄로 벌금 100만원 이상 선고받은 경우 피선거권 제한 (2015헌마821)	이중처벌 ×, 평등권 ×, 생존권 ×, 선거권 ○, 피선거권 ○, 선거운동의 자유 ○, 재산권 ○
32	예비후보자 선거비용 보전 제한 (2016헌마524)	공무담임권 ×, 피선거권 ×, 선거운동의 자유 ○
33	정상적인 학사운영이 불가능한 경우 학교폐쇄 (2016헌바217)	사학의 자유 ○, 대학의 자율 ×, 교육받을 권리 ×, 교수의 자유 ×
34	사회복무요원에게 현역병의 봉급을 지급 (2017헌마374)	재산권 ×, 인간다운 생활을 권리(판단 ×), 행복추구권 ×, 평등권 ○
35	변호사시험 성적 공개 청구기간 제한 (2017헌마1329)	알 권리의 내용인 정보공개청구권 중심 ○, 표현의 자유 ×, 평등권 ×, 신뢰 보호 ×
36	변호사시험 성적 비공개 (2011헌마769)	직업의 자유 제한 ×, 알 권리 침해
37	이동통신서비스 가입 본인 확인 (2017헌마1209)	통신의 자유 ○, 개인정보자기결정권 ○, 통신의 비밀 ×
38	전동킥보드 최고속도 제한 (2017헌마1339)	자기결정권, 행동자유권 ○, 신체의 자유, 평등 ×
39	재개발반대 소유자의 주거 강제취득 (2017헌바241)	재산권 중심 ○, 거주·이전의 자유 ×
40	선거운동기간 인터넷게시판 실명확인 (2018헌마456)	언론의 자유 중심 ○, 직업의 자유 ×
41	지자체장의 모든 선거운동 기획행위 규제 (2006헌마1096)	정치적 표현의 자유 중심 ○, 공무담임권 ×
42	의사만 문신시술 가능 (2017헌마1343)	직업선택의 자유 중심 ○, 예술은 판단 ×
43	선거기간 중 모임을 처벌 (2010헌가90)	집회의 자유 중심 ○, 결사의 자유 ○
44	국립대학교 기탁금 반환규정 (2020헌마1219)	납부조항은 공무담임권, 귀속조항은 재산권

03 경합과 충돌의 해결

기본권 '경합'의 해결	학설		학설은 가장 강한 기본권을 우선한다는 최강 효력설과 약한 기본권만큼 강하다는 최약 효력설이 대립	
	먼저		해당 입법·제도가 특별히 보호하고자 목적하는 기본권 우선 고려 (직업선택의 자유와 공무담임권 사례)	
			보충관계에 있는 경우 일반 기본권이 우선 적용 (행복추구권과 개별 기본권)	
	다음		해당 공권력과 가장 밀접하거나, 가장 침해 정도가 큰 기본권 우선	
	헌법재판소		우리 헌재는 관련성이 높은 기본권을 우선 적용하고 관련성이 같거나 확정할 수 없는 경우에는 관련 기본권을 모두 적용함	
기본권 '상충'의 해결	규범조화적 해석	의의	모든 기본권의 법익 존중	
		방법	과잉금지원칙	제약은 필요·최소한
			최후 수단의 억제	형벌이라는 최후의 수단은 억제하자는 견해
			대안의 도출	병역의무 – 양심적 집총거부 ➔ 대체복무
	법익형량의 원칙	전제	기본권의 위계질서 ➔ 우선순위	
		기준	1. 상위기본권 우선: 인간의 존엄성, 생명권	
			2. 인격권 우선	
			3. 자유권 우선	
		한계	하나의 기본권만을 우선시 ➔ 다른 기본권 무시	
	헌법재판소	이익형량	① 금연구역(혐연권 > 흡연권) ② 유니온샵(적극적 단결권 > 소극적 단결권) ③ 국정교과서(수학권 > 수업권)	
		규범조화	① 사죄광고 × / 정정보도, 반론권 가능 ② 채권자 취소권(채권자의 재산권과 채무자의 행동의 자유) ③ 전교조명단 공개(정보공개청구권과 사생활의 자유) ④ 친양자 입양(가족생활의 자유)	

⚖ 판례 Ⅰ

1 금연구역 사건: 기각 (2003헌마457)

흡연권도 헌법 제10조와 제17조에 근거한 기본권이다. 그러나 혐연권은 상위 기본권이라 볼 수 있는바 혐연권이 우선된다.

2 정정보도청구 사건: 합헌 (89헌마165)

언론의 자유를 제한하는 정도가 인격권과 적정한 비례를 유지하는 것인가의 여부가 문제되는데 정정보도는 합리적인 조화를 이루고 있는 것으로 판단된다.

3 전교조명단 공개: 기각 (2010헌마293)

가입현황, 즉 인원수 공개로 국민의 알 권리와 교원의 개인정보자기결정권을 합리적으로 조화시킨 것이다.

4 채권자 취소권: 합헌 (2005헌바96)

채권자의 재산권과 채무자 및 수익자의 일반적 행동의 자유, 그리고 채권자의 재산권과 수익자의 재산권이 동일한 장에서 충돌하는 문제로 규범조화적으로 해결하였다.

5 이익형량으로 해결한 대표 판례
① 금연구역 지정사건(혐연권 > 흡연권)
② 국정교과서(수학권 > 수업권)
③ 유니온샵(적극적 단결권 > 소극적 단결권)

제4절 기본권 제한과 그 한계

01 일반적 법률유보에 의한 기본권 제한의 한계

(1) 목적상 한계

국가안전보장	개념	외부로부터 국가·영토·헌법적 기관 유지
	추가	7차 개정헌법
	관련 법률	형법, 국가보안법, 통신비밀보호법
질서유지	개념	내부에 있어 헌법적 질서의 유지
	관련 법률	형법, 경찰법, 집시법, 도로교통법, 경범죄 처벌법 등
공공복리	개념	국가 구성원 전체적인 행복과 이익
	관련 법률	소비자기본법, 국토계획법, 학원법, 도로교통법 등

(2) 형식상의 한계 – 법률

규범적 법률 (처분적 법률×)	일반성	불특정 다수인 대상
	추상성	불특정 다수 사례 대상
	명확성	예측 가능성, 자의 배제
법률 동위		긴급명령, 조약, 국제법규
명령·규칙·조례		법률 위임 한도 내에서 가능

> **⚖ 판례 Ⅰ**
>
> 1 법적 근거 없는 교사임용시험에 있어서 가산점: 위헌확인 (2001헌마882)
>
> 2 법적 근거 없는 문화방송에 대한 방송위원회의 경고: 취소 (2004헌마290)
>
> 3 법적 근거 없는 집회신고서의 반려: 위헌 (2007헌마712)
>
> 4 조직규범은 법률유보원칙에서 말하는 법률의 근거가 될 수 없다(2003두14765).
>
> 5 법적 근거 없는 최루액 혼합살수행위 위헌 확인: 인용 (2015헌마476)

▶ 처분적 법률

사안	처분적 법률 여부
5 · 18 특별법	○
친일재산귀속법	×
보안관찰법	×
연합뉴스	○
BBK특검법	○

(3) 방법상의 한계

☑ SUMMARY ㅣ 목적정당성이 부정된 사례

1. 동성동본 금혼 (95헌가6)
2. 재외국민선거권 제한 (2004헌마644)
3. 기초의원선거에서 정당표방 금지 (2001헌가4)
4. 유신헌법에서 일체의 논의를 금지한 긴급조치 (2010헌바70)
5. 혼인빙자간음죄 (2008헌바58)
6. 피의자 촬영 허용 (2012헌마652)
7. 후방에 착석 (2016헌마503)
8. 교수노조 불허 (2015헌가38)
9. 문화계 블랙리스트 (2017헌마416)
10. 혼인한 여성등록의무자의 등록대상 재산 (2019헌가3)

☑ SUMMARY ㅣ 수단의 적합성이 부정된 사례

1. 제대군인 가산점
2. 검찰총장, 경찰청장 정당가입 금지
3. 축협의 복수조합설립 금지
4. 세무사 자격 보유 변호사의 세무대리 금지
5. 노동조합 운영비 원조 부당노동행위 금지조항
6. 국가모독죄
7. 직사살수
8. 건설업과 관련 없는 죄를 임원이 저질렀을 때, 건설업 등록말소
9. 직무상 관련 없는 범죄의 경우 퇴직급여 제한
10. 자도소주구입명령
11. 정당 후원회의 금지
12. 변호사시험 성적 미공개
13. 사죄광고
14. 법위반 사실 공표명령
15. 전문과목 표시한 경우 그 과목만 치료
16. 사립학교 교원의 필요적 직위해제
17. 초벌측량 비영리법인만 대행 가능
18. 판결선고 전 구금일수의 일부 산입
19. 소송계속사실, 소명사실 제출
20. 변호사 광고 일률적으로 금지
21. 경비업 겸업 금지
22. 태아의 성별고지 금지
23. 신병훈련소 종교행사 강제
24. 선거에서 실명제

과잉금지원칙 (88헌가13)	목적의 정당성	동성동본혼인금지 ➡ 더 이상 정당성(×) (95헌가6)
	방법의 적정성	제대군인 가산점 ➡ 목적과 상관없는 방법 (98헌마363)
하나라도 저촉: 위헌	피해의 최소성	• 정도: 반드시, 필수(×), 적어도, 임의(○) (92헌바47) • 순서: 방법 규제 ➡ 행사 여부 규제 (96헌가5)
	법익의 균형성	목적 – 수단 간 법익 형량

(4) 내용상의 한계 - 본질적 내용 침해금지

외국의 경우		독일 기본법 제19조 제2항(기본권 본질적 내용 침해금지)
연혁	3차 개정	최초 규정, 제2공화국 때
	7차 개정	삭제, 유신헌법
	8차 개정	부활, 제5공화국
본질적 내용	판례	사형제도와 관련해서는 상대설을 재산권과 관련해서는 절대설을 취함
침해		해당 기본권이 유명무실해지는 정도의 침해

> ⚖ **판례 Ⅰ**
>
> **1 사형제도: 합헌** (95헌바1)
> 본질적 내용침해금지와 관련해서 이 사건에서 헌재는 상대설을 취하고 있다. 즉, 생명도 법률유보의 대상으로 공익이 큰 경우에는 불가피하게 합헌적인 형벌로 보고 있다.
>
> **2 토지거래허가제: 합헌** (88헌가13)
> 재산권의 본질적인 내용을 침해하는 경우라고 하는 것은 그 침해로 사유재산권이 유명무실해지고 사유재산제도가 형해화되어 헌법이 재산권을 보장하는 궁극적인 목적을 달성할 수 없게 되는 지경에 이르는 경우라고 할 것이다. / 이 경우는 그에 해당하지 않는다.
>
> **3 퇴직금 전액 우선변제: 헌법불합치** (94헌바19 등)
> 퇴직금의 액수에 관하여 아무런 제한 없는 우선변제수령권을 인정하고 있으므로 저당권의 본질적 내용을 이루는 우선변제수령권이 형해화하게 된다.

(5) 내재적 한계이론

판례는 질서유지, 공공복리 등 공동체 목적을 위하여 그 제한이 불가피한 경우에는 성적 자기결정권의 본질적 내용을 침해하지 않는 한도에서 법률로써 제한할 수 있는 것이라고 판시하여 내재적 한계를 긍정하고 있다(89헌마82).

02 기본권 제한의 기준

(1) 이중기준의 원칙

구분	경제적 기본권을 제한하는 법률	정신적 기본권을 제한하는 법률
합헌성	추정	추정배제(위헌성이 추정)
위헌심사기준	완화된 심사 (합헌적 법률해석의 관점)	엄격한 심사 (규범통제의 관점)
입증책임	위헌을 주장하는 자	합헌을 주장하는 자
입법형성권의 크기	대	소
입법통제 강도	약	강

(2) 사회적 연관성 이론

동물에 대한 재산권행사는 일반적 물건에 대한 재산권행사보다 사회적 연관성이 기능이 매우 크다. 따라서 이를 제한하는 경우 입법재량의 범위를 폭넓게 인정함이 타당하다(2012헌바431). 농지의 경우도 사회적 연관성이 더 크다고 보았다(2010헌바39 등).

03 특별권력과 기본권 제한

(1) 전통적 이론

법치국가원리가 적용되지 않는다. 법률에 의하지 않은 기본권 제한이 가능하다. 사법심사도 허용되지 않는다.

(2) 오늘날

오늘날은 당연히 법치주의가 적용되며, 사법심사도 허용된다. 다만, 일반 권력관계보다 더 많은 제한이 따를 뿐이다.

⚖️ 판례 |

1 국립교육대학 재학생에 대한 절차적 하자가 있는 퇴학처분의 경우 취소해야 한다(91누2144).

2 수형자 부재시 교도소장의 거실검사: 기각 (2009헌마691)

제5절 기본권 보호의무

01 개념과 근거

개념		기본권에 의해 보호되는 법익이 제3자에 의해 침해되지 않도록 국가가 개인의 기본권을 보호해야 할 의무
근거	이론적 근거	이중적 성격
	실정법적 근거	헌법 제10조 후문

02 요건

보호대상	자유권적 기본권에 의해 보호되는 생명·신체·재산·직업활동 등 모든 법익. 그러나 사회적 기본권은 대상이 아니다.
위험원	사인에 의한 침해의 경우에만 보호의무가 발생한다.
위법성	정당행위의 경우에 부정된다.
위해 또는 위험	실제로 피해를 입은 경우만이 아니라 피해가 합리적으로 예상되는 경우도 보호의무가 발생한다.

∥ 재산권의 경우 범죄피해자 구조법에는 들어가지 않으나, 선결처분에는 들어간다.

03 내용

수범자	1차적 수범자는 입법기관 - 법률제정의무, 입법개선의무
통제	적어도 적절하고 효율적인 최소한의 보호조치를 취했는가 하는 이른바 과소보호금지원칙의 위반 여부를 기준으로 삼아야 한다.
과소보호금지의 원칙	국민의 생명·신체의 안전을 보호하기 위한 조치가 필요한 상황인데도 ① 국가가 아무런 보호조치를 취하지 않았든지 ② 아니면 취한 조치가 법익을 보호하기에 전적으로 부적합하거나 매우 불충분한 것임이 명백한 경우에 한하여 국가의 보호의무 위반을 확인하여야 하는 것이다(2005헌마764).

⚖ 판례 |

1 **교통사고처리특례법 제4조: 위헌** (2005헌마764)
우리 판례는 최근에 견해를 변경하여 중과실로 중상해의 경우에는 재판절차진술권과 평등권 위반으로 보았으나, 단순 상해의 경우에는 합헌으로 보았다. 여기서 조심해야 할 것은 기본권보호의무에 대해서는 과소금지의 원칙을 심사기준으로 삼아 헌법 위반으로 보지 않았다. 불처벌특례조항은 비록 형벌조항이라 할지라도 소급효가 인정되지 않는다.

2 **미국산 쇠고기수입의 위생조건에 관한 고시: 기각** (2008헌마41)

3 **태아의 제한적 권리 인정: 기각** (2006헌마711)

4 **한국보건산업진흥원의 고용승계 배제: 합헌** (2001헌바50)

5 **담배제조 및 판매: 합헌** (2012헌마38)

6 **대상사업의 사업자가 환경영향평가 실시: 합헌** (2015헌바280)

7 **민주화운동 관련자 명예회복 및 보상심의 위원회: 위헌** (2014헌바180)
보상금 등 지급결정에 동의한 때 재판상 화해의 성립을 간주하는 것은 재판청구권을 침해하지 않으나, 민주화보상법상 보상금에는 정신적 손해에 대한 배상이 포함되어 있지 않은 것은 **국가의 기본권보호의무를 규정한 헌법 취지에 반하는 것이다.**

8 **원전건설의 승인권한을 산업통상자원부장관에게 부여: 합헌** (2015헌바358)

9 **확성장치 사용에 따른 소음 규제기준 부재: 위헌** (2018헌마730)
▶ 당내경선 시 확성기를 사용하여 지지·호소 못하게 하는 것: 합헌

10 국민의 생명이 위협받는 재난상황이 발생하였다고 하여 피청구인이 직접 구조 활동에 참여하여야 하는 등 구체적이고 특정한 행위의무까지 바로 발생한다고 보기는 어렵다(2016헌나1).

11 기후위기 대응을 위한 국가 온실가스 감축목표: 헌법불합치

2031년부터 2049년까지 19년간의 감축목표에 관해서는 어떤 형태의 정량적인 기준도 제시하지 않아 기후위기라는 위험상황에 상응하는 최소한의 성격을 갖추지 못하였다(2020헌마389).

제6절 기본권의 침해와 구제

01 국가인권위원회

적용범위		인권의 범위는 국내에 머무르지 않음, 외국인도 포함
		성희롱은 포함하나 잠정적 우대조치는 제외
구성	성격	독립된 국가기구, 업무 독립 수행
	구성	국회가 선출하는 4인, 대통령이 지명하는 4인, 대법원장이 지명하는 3인을 대통령이 임명함(헌법재판소도 다 임명, 선관위는 3명만 임명)
	운영	재적의원 과반수의 찬성(감사원과 동일)
업무	조사	**국가인권위원회법 제30조(위원회의 조사대상)** ① 다음 각 호의 어느 하나에 해당하는 경우에 인권침해나 차별행위를 당한 사람(이하 "피해자"라 한다) 또는 그 사실을 알고 있는 사람이나 단체는 위원회에 그 내용을 진정할 수 있다. 1. 국가기관, 지방자치단체, 초·중등교육법 제2조, 고등교육법 제2조와 그 밖의 다른 법률에 따라 설치된 각급 학교, 공직자윤리법 제3조의2 제1항에 따른 공직유관단체 또는 구금·보호시설의 업무 수행(국회의 입법 및 법원·헌법재판소의 재판은 제외한다)과 관련하여 대한민국헌법 제10조부터 제22조까지의 규정에서 보장된 인권을 침해당하거나 차별행위를 당한 경우 2. 법인, 단체 또는 사인(私人)에 의하여 차별행위를 당한 경우 ③ 위원회는 제1항의 진정이 없는 경우에도 인권침해나 차별행위가 있다고 믿을 만한 상당한 근거가 있고 그 내용이 중대하다고 인정할 때에는 이를 직권으로 조사할 수 있다. ▶ 조사는 서면조사가 원칙임
	처리	수사개시 의뢰요청, 합의 권고, 조정(재판상화해), 법률구조요청(명시한 의사에 반하여 할 수 없음)
	공개	의사는 공개하고 조사·조정 및 심의는 비공개, 처리결과 공개
권한		국가기관과 협의, 정책과 관행의 시정 권고, 법원 및 헌법재판소에 대한 의견 제출

1 **인권위원회의 결정: 각하** (2013헌마214)
   심판청구는 행정심판이나 행정소송 등의 사전 구제절차를 모두 거친 후 청구된 것이 아니므로 보충성 요
   건을 충족하지 못하였다.

2 **국가인권위원회의 경우는 권한쟁의 당사자 능력 부정: 각하** (2009헌라6)
   권한쟁의에서 당사자 능력이 인정될 수 있으려면 헌법에 의해 설치되어야 한다.

제2장 인간의 존엄성 · 행복추구권 · 평등권

제1절 인간의 존엄성 존중과 행복추구권

01 인간의 존엄성

연혁	우리나라	5차 개정
지위		• 헌법질서의 최고 구성원리 • 모든 기본권의 이념적 출발점이자 목표 • 모든 국가권력의 기속규범 • 법해석의 최고기준 • 헌법개정권력의 한계
주체	인간	고립인(×), 사회적 자주인(○)
	자연인	금치산자, 기형아, 태아 모두 적용
	사자	장례, 유언, 시체해부 등 예외적 적용
판례		주관적 권리성을 긍정 (97헌마137)

> ⚖ **판례 ┃ 인간배아를 이용한 생명공학연구의 위헌 여부**
>
> **현행법(생명윤리 및 안전에 관한 법률):** 원칙적으로 금지하고, 희귀 · 난치병의 치료를 위한 연구목적에만 제한적으로 허용한다.

02 행복추구권

개념	소극적	고통 · 불쾌감 없는 상태 추구할 권리
	적극적	안락 · 만족스러운 삶 추구할 권리
		다만, 공동체의 이익과 무관하게 무제한의 경제적 이익을 도모할 수는 없다.
연혁	우리나라	8차 개정
성격	다수설, 헌재	포괄적 의미의 자유권 + 구체적 기본권 포함, 적극적 요구(×)
주체	원칙적	자연인
	예외적	법인 – 일반적 행동(계약)의 자유(○)
효력		대국가적 + 대사인적 효력
제한		헌법 제37조 제2항(국가안전보장 · 질서유지 · 공공복리)
적용	최근 판례	보충적 보장설 · 교원정년 위헌확인 (99헌마112) 공무담임권(우선적) > 행복추구권(보충적)

03 자기결정권

의의	개인의 일정한 사적 사안에 관하여 국가로부터 간섭을 받음이 없이 스스로 결정할 수 있는 권리
근거	행복추구권
주체	미성년자나 심신장애자의 경우에도 인정되나 판단능력이 미성숙한바 더 많은 제한을 받음
보호 영역	판례는 일반적 자유설의 입장에서 그 보호영역은 개인의 생활방식이나 취미에 관한 사항도 포함된다고 한 바 있음 (96헌가18)

04 일반적 행동자유권

의의	적극적으로 자유롭게 행동할 자유, 소극적으로 행동하지 않을 자유
성격	보충적 성격, 다른 개별 기본권이 우선

05 인격권

근거	인격권은 제10조 인간의 존엄과 가치에 근거	
주체	• 자연인뿐만 아니라 법인도 인정 • 그러나 양심의 자유는 법인의 대표자(사죄광고)	
내용	명예권	명예는 객관적·외부적 가치평가를 말함
	성명권	자유로운 성의 사용 역시 헌법상 보호(예외적으로 채무관계는 ×)
	초상권	본인의 동의 필요
	성별정정	성전환자의 경우 호적정정 및 개명 허가

✎ 인격의 자유로운 발현권은 행복추구권에서 보장된다.

⚖ **판례 |**

1 불필요한 계구사용행위: 위헌확인 (2001헌마163)
   ① 동행계호, 연승의 경우는 필요: 합헌
   ② 검사조사실, 1년 이상의 경우 과도함: 위헌

2 구치소 내 과밀수용: 인용 (2013헌마142)

3 수용동의 취침시간에도 최소한의 조도 유지: 합헌 (2017헌마440)

4 개명은 원칙 자유 (2005스26)

5 증거수집목적이라 해도 동의 없는 촬영은 초상권 침해 (2004다16280)

6 태아의 성별고지 금지: 위헌 (2022헌마356)
   일반적 인격권으로부터 나오는 부모의 태아성별 정보에 대한 접근을 방해받지 않을 권리를 침해한다.
   ▶ 알 권리나 행복추구권 침해 아님

7 수갑을 찬 채 촬영을 허용하는 행위: 인용 (2012헌마652)

8 혼인빙자간음죄는 성적 자기결정권 침해: 위헌 (2008헌바58)

9 의료보험 요양기관 강제지정: 합헌 (99헌바76)

10 성매매처벌법: 합헌 (2013헌가2)

성매매를 근절하기 위해서는 성구매자뿐만 아니라 성판매자도 형사처벌의 대상이 된다. 특정인을 상대로 한 성매매는 처벌하지 않는다.

11 2007년 전시증원연습과 평화적 생존권 (2007헌마369)

평화적 생존권은 헌법상 보장되는 기본권이라고 할 수는 없다 할 것이다.

12 뺑소니의 경우 살인죄와 비교하여 법정형을 더 무겁게 한 것: 위헌 (90헌바24)

운전면허를 필요적으로 취소한 것은 합헌이다.

13 기부금품모집 규제법 제15조 제1항 제1호 등 위헌소원: 합헌 (2008헌바83)

기부금품의 모집이 무분별하게 이루어지지 않을 것으로 기대되거나 적정한 사용이 담보될 수 있을 것으로 보이는 일정한 경우에는 모집행위에 허가를 요하지 아니하는 점 등을 고려할 때 합헌으로 보아야 한다. 구법이 위헌이 되어 신법은 원직과 예외를 변경하였다.

14 재소자용 의류 착용

구분		주문
안		합헌
밖(재판)	민사	합헌
	형사	위헌

15 간통죄의 형사처벌과 성적 자기결정권: 위헌 (2009헌바17)

16 졸업생 사고 발생시 자동차운전전문학원의 운영정지: 위헌 (2004헌가30)

17 제조업자에게 면세담배의 유통책임부과: 위헌 (2002헌가27)

18 4층 이상 건물은 모두 화재보험 강제가입: 한정위헌 (89헌마204)

19 마약류 수용자에 대한 소변채취: 기각 (2005헌마277)

20 18세 미만자 당구장 출입금지: 위헌 (92헌마80)

▶ 초·중·고 설치금지(합헌)와 비교

21 교도소 내 항문검사: 합헌 (2004헌마826)

반입금지품을 차단함으로써 얻을 수 있는 이익이 크다. 전자영상장비 이용도 합헌이다.

22 차폐시설이 불충분한 유치장 내 화장실 이용의 강제: 위헌확인 (2000헌마546)

23 경찰서유치장에서 옷을 전부 벗긴 상태로 신체과잉수색: 위헌확인 (2000헌마327)

24 수용자 외출시 운동화착용 불허 행위: 기각 (2009헌마209)

25 가정의례의 참뜻에 비추어 허례허식행위의 금지: 위헌 (98헌마168)

26 고속도로 등에서의 이륜차 통행금지: 기각 (2005헌바1111 등)

《주의》 일반적 행동 자유 ○, 직업의 자유 ×, 거주·이전의 자유 ×

27 사회복지법인의 기본재산 처분의 허가제: 합헌 (2004헌바10)

28 인천국제공항고속도로 사용료 징수: 합헌 (2004헌바64)

29 서울특별시 서울광장 통행저지행위 위헌확인: 인용 (2009헌마406)

통행제지행위는 당시 상황에 필요한 최소한의 조치였다고 보기 어렵다. 이 경우 거주·이전의 자유와는 상관이 없다. 법적 근거도 없어서 법률유보에도 반한다.

30 번호통합: 기각 (2011헌마63)

31 임대차존속기간을 20년으로 제한: 위헌 (2011헌바234)

32 건설업과 관련 없는 죄로 임원이 형을 선고받은 경우까지도 법인이 건설업을 영위할 수 없도록 하는 것: 위헌 (2013헌바25)

33 금융감독원 4급 이상 직원 퇴직 후 취업제한조항: 기각 (2012헌마331)

34 종업원의 범죄행위에 대한 영업주의 처벌: 위헌 (2005헌가10)
   《주의》 선장의 경우: 위헌
         대표자의 범죄행위로 법인 처벌: 합헌

35 세월호피해지원법: 위헌 (2015헌마654)
   ① 배상금을 받은 경우 다시 소송을 금하는 것은 재판청구권을 침해하지 않는다.
   ② 다만, 이의제기 금지는 법률의 근거 없는 것으로 일반적 행동자유권을 침해한다.

36 한자의 범위를 제한하여 이름을 지을 자유: 기각 (2015헌마964)

37 형의 집행을 유예하면서 사회봉사명령: 합헌 (2010헌바100)
   ▶ 사회복귀를 용이하게 하려는 것: 신체의 자유 ×, 일반적 행동 자유 ○

38 전학과 퇴학 이외의 학교폭력징계에 대한 재심 불허: 기각 (2012헌마832)

39 협의 이혼시 법원 출석: 기각 (2015헌마894)

40 도로 외의 곳에서도 음주운전규제: 합헌 (2015헌가11)
   명확성 위반은 아니다.

41 출국 수속 과정에서 추가 보안검색: 합헌 (2016헌마780)

42 밀수범의 경우 관세예비를 정범에 준하여 처벌: 위헌 (2016헌가13)
   《주의》 밀수가 아닌 관세예비는 정범에 준하여 처벌하는 것: 합헌

43 본인의 의사와 무관한 시신 제공: 위헌 (2012헌마940)

44 전동킥보드 최고속도 제한: 기각 (2017헌마1339)

45 육군 장교의 민간법원 약식명령 확정 사실 자진신고의무: 합헌 (2020헌마12)

46 사망사고에 대한 의료분쟁 조정절차 자동개시: 합헌 (2019헌마321)

47 주방용오물분쇄기 판매·사용금지: 기각 (2016헌마1151)

48 응급진료 방해 행위의 금지 및 처벌: 합헌 (2018헌바128)

49 유사군복 판매목적 소지 금지: 합헌 (2018헌가14)

50 학교폭력 가해학생에 대한 서면사과 조치: 합헌 (2019헌바93)

51 누구든지 금융회사등에 종사하는 자에게 거래정보등의 제공을 요구하는 것을 금지하고, 위반시 형사처벌: 위헌 (2020헌가5)

52 비어업인 잠수용 스쿠버 장비를 이용 수산자원 포획금지: 합헌 (2013헌마450)

제2절 평등권

01 의의(헌법 제11조)

모든 국민은 법 앞에 평등하다. 누구든지 성별·종교 또는 사회적 신분에 의하여 정치적·경제적·사회적·문화적 생활의 모든 영역에 있어서 차별을 받지 아니한다.

02 내용

법 앞에 평등	법적용평등설	오늘날에는 마땅히 입법자까지 구속한다는 것이 정설
	법내용평등설	
평등의 의미	상대적 평등	합리적 근거 있는 차별을 허용
	실질적 평등	실질적 기회보장(적극적 평등실현 조치)
	상향적 평등	제도의 단계적 개선이 필요
금지사유	성별	성에 따른 가치판단의 불허
	종교	정교분리의 원칙
	사회적 신분	• 전과자 포함 • 존속살인이 문제됨
금지영역	모든 생활영역	

> ⚖️**판례 | 소방공무원과 경찰공무원의 보훈혜택의 차별:** 합헌 (2004헌바53)
>
> 서로 동일하다고 볼 수 없으며, 합리적인 범위 내에서 단계적으로 확대하는 것은 합헌이다.

03 판단기준

(1) 비교집단의 존재

판례는 의료급여수급자와 건강보험가입자, 국회의원과 지방의회의원, 공무원연금과 산재보험, 킥보드와 오토바이의 경우 비교집단이 설정되지 않는다고 보았다.

(2) 우리나라 심사기준

자의금지		일반적(수익적, 시혜적인 경우도) 합리적 근거 존재시 합헌
비례	엄격	• 헌법 스스로 평등을 구체화한 경우 • 기본권에 대한 중대한 제한을 초래하는 경우
	완화	차별취급이 헌법에 근거하거나 헌법이 요구하는 경우

(3) 엄격한 심사척도를 적용한 예

심사기준	예시
엄격심사	• 지방자치 교육위원 경력자 1/2 이상 • 국가유공자의 가족 가산점 • 복수/부전공 자격소지자 10% 가산점 • 교육공무원 대전지역 졸업자 2% 가산점 • 제대군인 가산점 • 자산소득 합산과세 • 종합부동산세에서 세대별 합산과세 • 부계혈통 • 자립형 사립고등학교 불합격자 대책 미비 • 혼인한 여성등록의무자의 등록대상 재산 • 교통사고처리 특례법 • 기사 등급 이상의 자격증에만 가산점 부여(기능사 ×)
완화심사	• 남자만 병역의무 • 연합뉴스를 국가기관 뉴스통신사로 지정 • 준법서약제 • 누범가중처벌 • 지방자치단체장 임기 3기 제한 • 상업광고의 규제 • 상공회의소 제한 • 입법자가 정한 자격 • 3명 이하의 경우 가산점 ×

구분	심사기준
정당의 자유 규제	엄격비례
선거운동 규제	엄격비례
선거연령	완화심사
범죄의 설정과 법정형	완화심사

3 국가유공자 및 그 유족 등에 대한 가산점 부여: 헌법불합치 (2004헌마675)

조항의 대상자는 문리해석대로 국가유공자와 상이군경 그리고 전몰군경의 유가족이라고 봄이 상당하다. 따라서 국가유공자의 가족은 입법정책으로 채택된 것으로 보아야 한다. 따라서 이로 인한 일반인들의 공무담임권 침해가 심각한바 이는 헌법에 반한다. 가산점 자체는 합헌이어서 현재는 5%를 부과한다.

4 동점자인 경우 국가유공자 가족 우선: 합헌 (2005헌마44)

5 선발예정인원의 30% 초과 금지: 합헌 (2014헌마541)

6 지도직공무원의 경우 가산점 배제: 합헌 (2014헌마254)

⚖️ 판례 | 평등권 관련 판례

1 존속상해치사죄의 가중처벌: 합헌 (2000헌바53)

2 우체국보험금에 대한 압류금지: 헌법불합치 (2006헌바5)

3 중등교사 임용시험에서 복수·부전공자 우대: 합헌 (2005헌가13)

4 연합뉴스의 국가기관 뉴스통신사 지정: 기각 (2003헌마841)

5 공익근무요원의 제2국민역편입: 기각 (2005헌마548)

6 약사의 법인 설립 금지: 위헌 (2000헌바84)

7 안경사가 아닌 자의 안경업소 개설 등 금지: 합헌 (2017헌가31)
   ▶ 법인 운영 금지: 합헌

8 지방교육위원선거에서 교육경력자의 우대: 기각 (2002헌마573)

9 일반공무원보다 다소 넓은 경찰공무원의 임용결격과 퇴직사유: 합헌 (96헌마7)

10 국가에 대해 가집행선고 불가: 위헌 (88헌가7)
   ① 합리적 이유 없이 소송당사자를 차별하여 국가를 우대하고 있는 것이므로 평등원칙에 위반된다.
   ② 인지첩부 제한: 합헌

11 태평양전쟁 전후 국외 강제동원희생자 등 지원에 관한 법률: 기각 (2009헌마94)
   국외강제동원자 집단을 우선적으로 처우하는 것은 자의적으로 볼 수 없다.

12 국제협력단원의 국가유공자 제외: 합헌 (2009헌가13)

13 친고죄의 가능시기를 1심판결선고 전까지만 허용: 합헌 (2008헌바40)

14 제주감귤보호를 위한 조치로 과태료부과: 합헌 (2010헌바126)

15 국회의원의 홍보우편물은 우편요금 감액: 합헌 (99헌마576)

16 계약보증금을 민사법과 달리 취급: 위헌 (2007헌가8)

17 지방세 경력공무원의 경우 국세 담당 경력직 공무원과의 시험 차별: 합헌 (2006헌마646)

18 산업기능요원 복무기간을 공무원 경력에 미산입: 합헌 (2014헌마192)

19 독립유공자 손자녀 중 나이 차이로 1명만 보상: 위헌 (2011헌마724)

20 직업상담사 자격증 보유자에게 가산점 부여: 합헌 (2018헌마46)

21 공공시설을 사업주체에게 무상 양도는 재량으로: 합헌 (2014헌바156)

22 소년심판절차에서 검사의 상소권 부정: 합헌 (2011헌마232)

23 근로자의 날을 공휴일에서 제외: 합헌 (2013헌마343)

24 국군포로를 유공자에서 제외: 합헌 (2012헌마757)

25 대학구성원이 아닌 자에게 도서 대출 및 열람실 불허: 합헌 (2014헌마977)

26 보훈보상대상자의 부모에 유족보상금 지급시 1인에 한정: 위헌 (2016헌가14)

27 출·퇴근 중 재해는 업무상 재해로 인정하지 않은 것: 위헌 (2014헌바254)
출퇴근용 회사 차량을 제공받는 근로자와 비교할 때 평등의 원칙에 반한다. 다만, 재판청구권 침해는 아니다.

28 카메라 등 이용촬영죄 조항 및 성폭력 치료프로그램 이수명령: 합헌 (2016헌바153)
건전한 상식과 통상적인 법감정을 가진 일반인이라면 이 사건 처벌조항의 문언을 통하여 충분히 파악할 수 있는 내용이다.
▶ 성폭력 치료프로그램 이수명령이 신체의 자유를 제한한다고 볼 수는 없다.

29 실형을 받은 소년범에 비해 집행유예를 받은 소년범을 차별: 위헌 (2017헌가7)

30 군의 장 선거의 예비후보자등록 신청기간 60일 제한: 기각 (2018헌마260)

31 민간전문가에게 뇌물죄 적용: 합헌 (2012헌바188)
▶ 제주도영향평가심의위원회 심의위원 중 위촉위원을 뇌물죄로 처벌: 위헌

32 혼인한 여성 등록 의무자의 경우에만 배우자의 직계존비속 재산을 등록: 위헌 (2019헌가3)
▶ 심사기준은 엄격심사기준이며, 목적의 정당성에 위배된다.

33 2회 이상 음주운전시 가중처벌: 위헌 (2019헌바446)
▶ 명확성의 원칙에 위배되지 않으나, 과도한 법정형을 정한 것이다.

34 국가를 상대로 한 당사자소송에서의 가집행선고의 제한: 위헌 (2020헌가12)

35 노인성질병의 경우 일률적으로 활동지원급여 신청자격 제한: 위헌 (2017헌가22)

36 여자대학 약학대학 입학정원 배정: 기각 (2018헌마566)

37 사망 전 등록을 기준으로 고엽제후유의증 환자지원: 위헌 (2008헌마715)
▶ 평등권 침해, 재산권 보호 안 됨

38 준강도죄 가중처벌: 합헌 (2022헌바264)

39 난민인정자 긴급재난지원금 지급대상 제외: 인용 (2020헌마1079)

제3장 자유권적 기본권

제1절 인신의 자유

제1항 생명권

01 서론

생명권의 근거는 없으나 헌법 10조에 의해 보호된다. 헌법재판소는 기본권의 주체는 착상 이후 수정란부터이고, 사람의 시기는 진통시부터라고 판시한 바 있다(2010헌바402). 즉, 생명체의 시작과 사람의 시기를 달리 보는 것은 가능하다는 의미이다.

02 사형제도

> ⚖ **판례 |**
>
> **1 국가보안법의 경우 비교적 경미한 범죄도 사형 가능: 위헌** (2002헌가5)
>
> **2 상관살해죄: 위헌** (2006헌가13)
>   죄질과 그에 따른 행위자의 책임 사이에 비례관계가 준수되지 않아 형벌체계상 정당성을 상실한 것이다.

03 낙태

> ⚖ **판례 | 낙태죄: 헌법불합치** (2017헌바127)
>
> ① 태아가 모체를 떠난 상태에서 독자적으로 생존할 수 있는 시점인 임신 22주 내외에 도달하기 전이면서 동시에 임신 유지와 출산 여부에 관한 자기결정권을 행사하기에 충분한 시간이 보장되는 시기까지의 낙태에 대해서는 국가가 생명보호의 수단 및 정도를 달리 정할 수 있다고 봄이 타당하다.
> ② 낙태갈등 상황에서 형벌의 위하가 임신한 여성의 임신종결 여부 결정에 미치는 영향이 제한적이라는 사정과 실제로 형사처벌되는 사례도 매우 드물다는 현실에 비추어 보면, 자기낙태죄조항이 낙태갈등 상황에서 태아의 생명보호를 실효적으로 하지 못하고 있다고 볼 수 있다.
> ③ 다양하고 광범위한 사회적·경제적 사유를 이유로 낙태갈등 상황을 겪고 있는 경우까지도 예외 없이 전면적·일률적으로 임신의 유지 및 출산을 강제하고, 이를 위반한 경우 형사처벌하고 있다.
> ④ 과잉금지원칙을 위반하여 임신한 여성의 자기결정권을 침해하는 위헌적인 규정이다.

04 안락사

적극적 안락사에 대해서 허용설과 불허설이 대립하나 다수설은 육체적 고통이 극심하고, 사기가 임박하였으며, 회생이 불가능하고, 의사에 의해 시술되어야 하며, 본인의 진지한 부탁이 있은 경우는 허용된다고 하였다. 이는 생명권이 아니라 자기결정권에서 보장된다.

⚖ 판례 |

1 존엄사 (2009다171417 참조)

최근 대법원은 적극적 안락사가 아닌 존엄사와 관련하여 진료행위의 중단은 a. 환자가 회복 불가능한 사망의 단계에 진입한 경우 및 b. 사망의 단계에 이르렀을 경우에 대비하여 미리 의료인에게 자신의 연명치료 거부 내지 중단에 관한 의사를 밝힌 경우를 제시한다. 특히 b.의 경우에는 명시적인 의사가 아니라 추정적 의사도 포함된다.

2 연명치료 중단에 관한 입법부작위: 각하 (2008헌마385)

입법정책의 문제이다.

제2항 │ 신체의 자유

헌법 제12조 ① 모든 국민은 신체의 자유를 가진다. 누구든지 법률에 의하지 아니하고는 체포·구속·압수·수색 또는 심문을 받지 아니하며, 법률과 적법한 절차에 의하지 아니하고는 처벌·보안처분 또는 강제노역을 받지 아니한다.

② 모든 국민은 고문을 받지 아니하며, 형사상 자기에게 불리한 진술을 강요당하지 아니한다.

③ 체포·구속·압수 또는 수색을 할 때에는 적법한 절차에 따라 검사의 신청에 의하여 법관이 발부한 영장을 제시하여야 한다. 다만, 현행범인인 경우와 장기 3년 이상의 형에 해당하는 죄를 범하고 도피 또는 증거인멸의 염려가 있을 때에는 사후에 영장을 청구할 수 있다.

④ 누구든지 체포 또는 구속을 당한 때에는 즉시 변호인의 조력을 받을 권리를 가진다. 다만, 형사피고인이 스스로 변호인을 구할 수 없을 때에는 법률이 정하는 바에 의하여 국가가 변호인을 붙인다.

⑤ 누구든지 체포 또는 구속의 이유와 변호인의 조력을 받을 권리가 있음을 고지받지 아니하고는 체포 또는 구속을 당하지 아니한다. 체포 또는 구속을 당한 자의 가족 등 법률이 정하는 자에게는 그 이유와 일시·장소가 지체 없이 통지되어야 한다.

⑥ 누구든지 체포 또는 구속을 당한 때에는 적부의 심사를 법원에 청구할 권리를 가진다.

⑦ 피고인의 자백이 고문·폭행·협박·구속의 부당한 장기화 또는 기망 기타의 방법에 의하여 자의로 진술된 것이 아니라고 인정될 때 또는 정식재판에 있어서 피고인의 자백이 그에게 불리한 유일한 증거일 때에는 이를 유죄의 증거로 삼거나 이를 이유로 처벌할 수 없다.

제13조 ① 모든 국민은 행위시의 법률에 의하여 범죄를 구성하지 아니하는 행위로 소추되지 아니하며, 동일한 범죄에 대하여 거듭 처벌받지 아니한다.

② 모든 국민은 소급입법에 의하여 참정권의 제한을 받거나 재산권을 박탈당하지 아니한다.

③ 모든 국민은 자기의 행위가 아닌 친족의 행위로 인하여 불이익한 처우를 받지 아니한다.

판례 Ⅰ

1 금치처분을 받은 수형자에 대한 운동 전면금지: 위헌 (2002헌마478)

일체의 운동을 금지하는 것은 수형자의 신체적 건강뿐만 아니라 정신적 건강을 해칠 위험성이 현저히 높다.

▶ 이후 원칙 허용, 예외 금지로 바꾼 것: **합헌**

2 금치처분을 받은 수형자에 대한 원칙적 집필 금지: 합헌 (2012헌마623)

원칙적으로 금지되나 예외적으로 허용하고 있어서 합헌이다.

3 보안관찰처분에 대한 가처분신청의 금지: 위헌 (98헌바79)

4 보안관찰처분대상자에 대한 무기한 신고의무 부과: 헌법불합치 (2017헌바479)

출소 후 신고의무를 부과한 것은 합헌이나, 변경사항에 대해 기한 없는 신고의무를 부과한 것은 헌법에 위반된다.

5 상소제기기간의 구금일수의 본형산입을 하지 않을 수 있게 한 것: 헌법불합치 (99헌가7)

6 소년원 수용기간 산입 제한: 합헌 (2014헌마768)

7 군사법원법상 피의자 구속기간 연장: 인용 (2002헌마193)

8 교통방해죄는 명확성에 위배되지 않음: 합헌 (2012헌바194)

9 장기형이 선고된 경우에도 화학적 거세: 헌법불합치 (2013헌가9)

10 정신질환자 보호입원 사건: 헌법불합치 (2014헌가9)

보호의무자 2인과 정신과전문의 1인만으로 본인의사에 반하여 보호입원이 가능하다. 따라서 이는 신체의 자유를 침해하였다.

▶ 자기결정권과 통신의 자유는 따로 심사 ×

01 죄형법정주의

관습형벌 금지	개념	'형식적 의미'의 법률에 의한 형벌 규정	
형벌불소급원칙		범죄구성요건 · 대상	공소시효
	본질	행위의 가벌성 문제	소추 가능성 문제
	소급	불가(죄형법정주의 위반)	예외적 허용(5 · 18특별법)
명확성의 원칙	확립	영 · 미 – '막연하기 때문에 무효'	
	개념	범죄구성요건 · 형벌 예견 가능성	
	목적	• 집행자의 자의적 법적용 배제 • 행위결과에 대한 예측 가능성 부여	
	정도	• 최소한의 명확성 • 건전한 상식, 통상적 법감정으로 예측 가능한 정도 • 법관의 보충적 해석을 통해서 알 수 있다면 충분	
유추해석금지	개념	유사법률조항의 무리한 적용 금지, 확대 ×, 유추 ×, 인용, 원용은 가능	
절대적 부정기형 금지	원칙	• 치료감호의 경우도 법개정으로 절대적 부정기형 금지 • 소년범의 경우 상대적 부정기형은 가능	
처벌법규 위임 제한	요건 제한	• 특히 긴급한 필요가 있을 시 • 미리 법률로 정할 수 없는 부득이한 사정 있을 시	
	방법 제한	처벌 대상행위, 형벌 종류 · 상한 · 폭 등 구체적 · 명백한 사항으로 제한	

3장

종류	형벌과 유사성 (소급효금지 적용)
보호감호	○
보호관찰	×
노역장 유치	○
위치추적장치	×
취업 제한	×
사회봉사명령	△

⚖️ 판례 |

1 과태료는 죄형법정주의의 대상이 아님: 합헌 (92헌바38)

2 구성요건이 모두 단체협약에 위임: 위헌 (96헌가20)

3 미확정된 노동위원회의 구제명령 위반: 위헌 (92헌가14)

4 노동위원회의 의결을 얻어 시정을 명한 경우 명령위반죄: 합헌 (2011헌가22)

5 새마을금고법 제66조: 위헌 (200헌바112)
이 법과 이 법에 의한 명령이라고 규정된 것은 구성요건을 파악하기가 어렵다.

6 소급입법에 의한 보호감호처분: 위헌 (88헌가5 등)

7 판례변경으로 처벌하는 것은 형벌불소급에 반하지 않는다(97도3349).

8 위치추적장치의 소급적용: 합헌 (2010헌가82)

9 약식에서 정식재판 청구시 형종상향 금지로 개정: 합헌 (2018헌바513)

10 노역장 유치에 대해 소급적용: 위헌 (2015헌바239)

11 정당방위규정과 같은 위법성 조각사유도 명확성원칙 적용: 합헌 (99헌바31)

12 상한이 없는 치료감호제: 합헌 (2003헌바1)

13 김영란법: 기각 (2015헌마236)
부정청탁금지조항이 규정하고 있는 부정청탁, 법령, 사회상규라는 용어는 명확성의 원칙에 위반되지 않는다.

14 민사법규에서의 추상성: 합헌 (2007헌바118)

15 입찰참가자격 제한: 위헌 (2003헌바40)
입찰참가자격 제한에 있어서 단지 "일정기간"이라고 규정하여 제한기간의 상한을 정하지 않고 있어 명확성의 원칙에 반한다.
▶ 2년으로 규정한 것: 합헌

16 광고물 함부로 부착금지: 합헌 (2013헌바385)

17 공포심이나 불안감을 유발: 합헌 (2014헌바434)
▶ 아동의 덕성: 위헌 / 잔인성: 위헌

18 제주도영향평가심의위원회 위촉위원을 뇌물죄로 처벌: 위헌 (2011헌바117)
법률조항으로 간주되는 사람도 아닌 사람을 포함으로 해석하는 것은 법률해석의 한계를 넘은 것이다.

02 이중처벌금지의 원칙

이중처벌	이중처벌(○)	이중처벌(×)
	• 동일 범죄행위에 대한 사항 • 국가 형벌권의 거듭 실행	• 형벌 + 징계 • 형벌 + 보호감호 (89헌마17) • 누범 가중처벌 (93헌바43) • 검사의 불기소처분 번복 • 직위해제 + 감봉처분

헌법상 처벌	
적법절차의 처벌	모든 처벌
이중처벌	형벌만을 의미
무죄추정의 불이익	불합리한 모든 불이익
진술거부권	형사상 불이익
군대로 인한 불이익	법적인 불이익 ○, 사실적·경제적 불이익 ×

> **판례 |**
>
> 1 **이중처벌금지: 합헌** (92헌바38)
>   이중처벌은 동일한 사실관계에 대한 이중의 처벌인바, 여기서 이중처벌은 형벌을 의미하는바 행정질서벌인 과징금과 과태료, 이행강제금 등은 이에 해당하지 아니한다.
>
> 2 **군무이탈과 복귀명령위반은 이중처벌 아님: 합헌** (91헌바20)
>
> 3 **동일한 범죄에 대한 외국의 확정판결 불산입: 헌법불합치** (2013헌바129)
>   ▶ 이중처벌로 위헌된 것은 아님
>
> 4 **청소년성매수자의 신상공개: 합헌** (2002헌가14)
>
> 5 **집행유예의 취소시 본형 부활: 합헌** (2012헌바345)

03 연좌제 금지

국내 연혁	조선	갑오개혁
	헌법조문	8차 개정
개념	친족·타인의 행위로 인한 불이익 금지	
불이익	국가기관에 의한 모든 불이익	

> **⚖ 판례 |**
>
> **1 반국가행위자의 처벌에 관한 특별법: 위헌** (95헌가5)
>
> 이는 친족의 재산까지 증거조사 없이 몰수 가능하며, 궐석재판 등이 가능한 경우인바 이는 위헌적인 조치이다.
>
> **2 배우자의 선거범죄로 인한 당선무효: 기각** (2005헌마19)
>
> 총체적으로 이는 후보자 자신의 행위와 다를 바가 없는바 기각되었다. 선거사무장의 선거범죄로 인한 당선무효도 합헌이다.

04 적법절차의 원리

연혁	우리나라	현행헌법에 도입	
개념	due law	모든 법령(헌법 · 법률 · 명령 · 규칙 · 조례 · 관습법)	실체적 적법성 · 합리성 · 정당성
	due process	형사 · 행정 · 입법 등 모든 국가작용	절차적 적법성 · 합리성 · 정당성
성격	법치국가원리의 본질적 내용 ➜ 헌법 제12조 제1항 · 제3항(적법절차): 선언적 의미		
적용	범위	원칙: 형사 · 행정 · 입법 등 모든 국가작용(탄핵소추는 주의)	
	대상	신체적 · 정신적 · 재산적 등 모든 불이익에 적용	

05 영장주의

(1) 원칙 – 사전영장주의

개념	법관이 발부한 영장의 사전 제시
목적	수사기관의 체포 · 구속 남용 방지
별건체포	영장주의에 위반됨
영장실질심사	임의에서 필수로 변경됨

구분	적용 여부
징계절차(영창)	×
동행명령	○
즉시강제	×
사실조회행위	×
지문날인	×
음주측정	×

(2) 예외 – 사후영장 가능

형사 소송법	긴급 체포	대상	장기 3년 이상 형 해당되는 죄
		판단	의심할만한 상당한 이유
		사유	• 증거인멸·도피의 우려 있을 경우 • 시간적 여유가 없을 경우
		청구기한	지체 없이 원칙, 늦어도 48시간 이내에 청구(받아야 ×)
	현행 범인	현행범	범죄 실행 중 or 실행 직후
		경미한 죄	주거 불명확할 경우에 한함
		체포	누구든지 영장 없이 체포 가능
실효성 확보	즉시 강제	행정강제는 본질상 급박성을 요건으로 하고 있어 법관의 영장을 기다려서는 그 목적을 달성할 수 없다고 할 것이므로, 원칙적으로 영장주의가 적용되지 않는다(2000헌가12).	

📖 판례 |

1 체포영장 집행시 별도 영장 없이 타인의 주거 등 수색: 헌법불합치 (2015헌바370)

필요한 때라고만 규정되어 있고, 긴급한 사정은 고려하지 않아 헌법에 위반된다.

▶ 명확성의 원칙을 위배하지는 않으나 영장주의 위배(필요한 때는 피의자가 소재할 개연성을 의미)

2 즉시강제는 영장주의 적용 안 됨: 합헌 (2000헌가12)

3 법원의 직권에 의한 구속영장 발부: 기각 (96헌바28 등)

법원이 직권으로 발부하는 영장은 명령장으로서의 성질을 가지나 수사기관의 청구에 의하여 발부하는 것은 허가장으로서의 성질을 갖는 것이다. 수사단계에서 영장의 발부를 신청할 수 있는 자를 검사로 한정한 것일 뿐 법원이 직권으로 발부하는 것이 위헌은 아니다.

▶ **동행명령장**

위헌	합헌
지방의회	국회
검사(BBK)	법관

4 10년 이상의 구형시 구속영장의 효력유지: 위헌 (92헌가8)

무죄판결이 선고된 경우에도 검사의 의견진술에 따라 영장의 효력을 지속하도록 하는 것은 영장주의에 위배된다. 이는 보석허가결정에 대한 검사의 즉시항고도 비슷한 취지이다.

판사와 검사의 의견 대립시 검사의 의견이 우선하면 위헌임	• 10년 이상 구형 • 전격기소 • 보석에 대한 즉시항고 • 구속집행정지에 대한 즉시항고

5 지문채취의 경우: 합헌 (2002헌가17 등)

지문채취의 경우 자발적인 협조가 필수적이어서 영장 없이 가능하지만, 직접강제의 경우에는 영장이 필요하다.

6 영창 사건: 위헌 (2017헌바157)

징계처분임에도 불구하고 신체의 자유 박탈까지 그 내용으로 하여 한계를 초과한 것이다. 다만, 전·의경의 경우 합헌으로 본 판례가 있다. 법정의견은 영장주의 위반은 판단하지 않았다.

▶ 징계절차에는 영장주의가 적용되지 않는다.

7 디엔에이감식시료채취영장: 위헌 (2016헌마344)

   의견진술의 기회와 불복할 수 있는 구제절차가 존재하지 않는다.

8 법관에 의한 사후영장제도 미구비: 위헌 (2011헌가5)

06 체포구속적부심

헌법			건국헌법에서 규정 ➡ 유신헌법 때 폐지 ➡ 8차 개헌 때 부활	
형사 소송법	대상		체포·구속된 피의자(○), 피고인은 원칙 부정, 예외(구속적부심) 긍정	
	신청인		피의자 본인, 통지대상(변호인·법정대리인·가족), 고용주	
	심사	기관	영장발부한 법관 제외	
		내용	형식심사	영장발부 요식·절차
			실질심사	체포·구속 타당성·적법성
		기준시	적부심사시(다수설)	
	효력		기판력 ➡ 누구든 항고(×)	

> ⚖ **판례 | 전격기소:** 헌법불합치 (2002헌바104)
>
> 구속 자체의 헌법적 정당성 여부에 관하여 결정할 권한이 없는 검사의 일방적인 행위로 인하여 법원으로부터 실질적인 심사를 받고자 하는 청구인의 '절차적 기회'가 박탈되는 결과가 초래된다.

07 체포·구속 이유 등의 고지제도

도입		현행헌법(⬅ 영·미 제도)	
비교		고지	통지
	주체	검사, 사법경찰관	
	시기	체포·구속시	체포·구속 직후
	대상	피의자	변호인, 법정대리인, 가족
	형식	구두	문서
	내용	• 체포·구속 이유 • 변호인 조력받을 권리	• 체포·구속 이유·일시·장소 • 변호인 조력받을 권리

08 무죄추정의 원리

대상	피의자, 피고인(헌법)
시기	• 유죄의 최종적 확정판결 전까지(선고×) • 집행유예, 선고유예는 확정판결임, 형식재판은 무죄추정 유지 • 재심까지는 아님
원칙	• 불구속수사·불구속재판 원칙 • 범죄입증의 '검사책임' 원칙 • 의심스러울 때에는 '피고인의 이익으로' 원칙

⚖️ 판례 |

1 **공소제기된 변호사에 대한 업무정지:** 위헌 (90헌가48)

2 **공소제기된 변호사에 대한 업무정지명령:** 합헌 (2012헌바45)

변호사가 공소제기되어 그 재판 결과 등록취소될 가능성이 매우 크고, 장차 의뢰인이나 공공의 이익을 해칠 구체적인 위험성이 있는 경우 법무부장관이 업무정지를 명할 수 있도록 한 변호사법 제102조 제1항 본문 및 제2항 중 각 '공소제기된 변호사'에 관한 부분은 헌법에 위반되지 아니한다.

3 **압수한 범칙물건의 국고귀속:** 인용 (2011헌마351)

4 **무죄판결 이후 교도소 연행:** 인용 (95헌마247)

09 자백의 증거능력 및 증명력의 제한

목적		고문 등에 의한 자백강요 배제
내용	증거능력 제한 (자백임의성×)	• 고문에 의한 강요 • 기망(거짓말)에 의한 강요
	증명력 제한	보강증거 없이 자백이 유일한 증거일 경우
	예외적 허용	즉결심판

✎ 대법원은 수사기관이 증거수집과정에서 적법절차를 따르지 않고 수집한 증거(물증)라 하더라도 예외적인 일정한 경우에는 법원이 그 증거를 유죄인정의 증거를 사용할 수 있다고 본다(2008도11437).

10 진술거부권

주체		피고인, 피의자, 법인(대표자), 외국인, 제3자 불이익 관련(×), 근친자(×)
진술	의미	생각이나 지식, 경험사실을 정신작용의 일환인 언어(말·글)를 통하여 표출
	내용	• 형사상 불리한 진술(○), 행정상·민사상(×) • 법률로 강요해서도 안 됨
	범위	모든 절차
미란다 원칙	내용	묵비권 보장, 변호인 도움받을 권리(국선 제공)
	효력	고지(×) ➔ 증거능력 제한 (92도682)

11 변호인의 조력을 받을 권리

의의	무기평등의 원칙
주체	• 형사절차 중에 있는 피의자와 피고인 • 그러나 절차가 종료한 수형자는 원칙적으로 인정되지 않음

내용	변호인선임권 (국선변호인)	요건	단기 3년 이상(헌법은 피고인만 규정)
		법원 직권	미성년자, 70세 이상, 농아자, 심신장애자
		피고 청구	빈곤
	변호인 접견교통권		• 변호인 자신의 접견교통권도 헌법상 권리 • 피구속자를 조력할 권리의 핵심은 헌법상의 기본권에 해당함 • 어떠한 이유로도 자유로운 접견은 보장된다. 다만, 특정시간까지 보장하지는 않음 • 가청 × / 가시 ○
	비변호인과 접견교통권		헌법상의 권리, 그러나 가청도 가능
	열람등사권		헌법상의 권리

⚖ 판례 |

1 변호인의 접견교통권: 인용 (2015헌마1204)

접견교통권은 헌법상 보장된 기본권에 해당하여 그 침해를 이유로 헌법소원심판을 청구할 수 있다.

절대적 금지	• 진술거부권(법으로 강제 못함) • 접견교통권(다만, 최근에 원하는 특정한 시점에 접견이 이루어지지 못한 것은 합헌이라고 판시 중요, 이는 만난 이후에 제한 못하는 것으로 해석됨) • 양심형성, 신앙의 자유도 절대적 기본권 • 고문금지 • 검열 • 집회 · 결사의 자유에서 내용에 대한 허가(내용중립적 허가는 가능)

2 수형자의 변호인의 조력을 받을 권리: 각하 (96헌마398)

원칙적으로 수형자는 변호인의 조력을 받을 권리의 주체가 될 수 없다.

3 피의자 신문시 변호인 참여요청시 거부: 위헌확인 (2000헌마138)

4 변호인과의 자유로운 접견교통권: 위헌확인 (91헌마111)

변호인과의 자유로운 접견은 신체구속을 당한 사람에게 보장된 변호인의 조력을 받을 권리의 가장 중요한 내용이어서 어떠한 명분으로도 제한될 수 있는 성질의 것이 아니다. 가시는 가능해도 가청거리는 안된다.

5 미결수용자 변호인 접견 불허처분 위헌확인: 기각 (2009헌마341)

미결수용자 또는 변호인이 원하는 특정한 시점에 접견이 이루어지지 못하였다 하더라도 그것만으로 곧바로 변호인의 조력을 받을 권리가 침해되었다고 단정할 수는 없는 것이다.

6 변호인의 조력받을 권리 적용 범위: 인용 (2014헌마346)

출입국관리법상 보호 또는 강제퇴거의 절차에도 변호인의 조력받을 권리는 적용된다.

7 강제퇴거대상자에 대한 보호기간의 상한 없는 보호 사건: 헌법불합치 (2020헌가1)

《주의》 장기간 난민인정심사 불회부결정: 인용 (2014헌마346)

8 수용자의 소송대리인인 변호인 접견시 접촉차단: 헌법불합치 (2011헌마122)

9 소송대리인이 되려는 변호사에 대한 접촉차단시설에서 접견: 기각 (2018헌마1010)

10 변호인과 증인 사이에 차폐시설 설치: 합헌 (2015헌바221)

11 일반 접견에 변호사 접견까지 포함: 위헌 (2012헌마858)

12 소제기 전 변호사 접견을 위해서 소송계속 사실 소명자료 제출: 위헌 (2018헌마60)

13 피의자 후방에 앉으라고 요구: 인용 (2016헌마503)

14 배우자와의 접견녹음: 기각 (2010헌마153)

15 수형자와 미결수용자

구분	수형자	미결수용자
변호인의 조력받을 권리	주체 안 됨	주체됨
검열	변호인 / 비변호인 모두 합헌	변호인은 위헌 / 비변호인은 합헌
무죄추정	적용 안 됨	적용됨

▶ 다만, 수형자의 경우에도 변호인과 접견교통에 지장이 생기는 경우 재판청구권 침해가 될 수 있다(검열시).

16 금지물품 확인을 위해 수용자에게 온 서신을 개봉한 행위는 변호사와의 서신이어도 합헌 (2019헌마919)

17 열람등사를 거부한 사건: 위헌확인 (2000헌마474)

제2절 사생활 자유권

제1항 사생활의 자유

01 서론

연혁	8차 개정
주체	자연인·외국인(○), 법인·사자(×)
성격	소극적·방어적 성격 + 적극적 성격(○) / 참정권(×)

02 내용

사생활 비밀의 불가침		사사(私事)의 비공개	나만이 간직할 권리
		인격징표 영리이용 금지	초상권·성명권 침해금지
사생활 자유의 불가침		평온의 불가침	사생활에 대한 지나친 방해·감시 금지
		사생활 형성·유지의 자유	–
자기 정보 관리 통제권	입법	개인정보 보호법	
	성격	• 인격권의 일종 • 능동적·적극적 권리 ○ / 참정권 × • 헌법 제10조와 제17조	
	주체	자연인, 법인과 사자는 원칙 불허	
	정보	비밀정보에 제한되지 않고, 식별정보임	

내용	• 익명처리 먼저, 다음이 가명처리 • 개인정보 보호위원회는 국무총리 소속 • 주민등록번호는 암호화 조치 • 영상정보 처리기기는 옷 벗는 곳에서 설치금지(교도소, 정신병원 제외), 설치알림, 임의 조작 ×, 녹음 × • 통계작성, 과학적 연구, 공익적 기록보조는 동의 없이 가명정보 처리 가능 • 자기정보열람 · 정정사용중지 · 삭제청구권 • 일부 정보는 본인도 제한 가능 • 단체소송 최근 도입

03 제한

언론의 자유와 충돌	인격영역이론	내밀/비밀/사적/사회/공개
	공익이론	교육적 · 보도가치 있는 사실 (범죄인 체포 · 공중보건 · 사이비종교 등)
	공인이론	일반인보다 수인한도 높게
국정조사 · 감사		국정감사 및 조사에 관한 법률 제8조는 감사 또는 조사는 개인의 사생활을 침해할 목적으로 행사 되어서는 안 됨
행정조사		익명화되지 않은 조사는 예방조치가 필요함
행정상의 공표		• 고액체납자의 경우 가능하며, 적시된 사실은 진실이어야 함 • 정부의 경우 개인보다 더욱 엄격한 위법성 조각사유가 필요함

⚖️ **판례 |**

1 명예보호를 위한 대외적 해명행위는 표현의 자유 (99헌바92 등) / 사생활 ×

2 성명 · 생년월일 · 졸업일자등 간단한 정보 위주의 교육정보시스템의 운영: 기각 (2003헌마282 등)

3 교정시설 내 CCTV 설치: 기각 (2005헌마137 등)

4 부정수급자 방지를 위한 의료급여 수급권자의 진료정보 제공: 기각 (2007헌마1092)

5 성폭력범죄자의 신상정보 등록: 기각 (2013헌마423)

6 1년마다 사진 갱신: 합헌 (2014헌바257)

7 카메라 등 이용촬영범죄자 신상정보를 20년 동안 보존 · 관리: 헌법불합치 (2014헌마340)

8 디엔에이감식시료의 보관: 기각 (2011헌마28)

9 특정범죄자에 대한 보호관찰 및 전자장치 부착: 기각 (2011헌마781)

10 어린이집 CCTV설치 의무 조항: 기각 (2015헌마994)

11 인구주택총조사시 방문 면접조사: 기각 (2015헌마1094)
　　자기결정권을 침해하지 않는다. 청구인은 사생활, 주거, 종교의 자유도 주장하였으나 헌재는 판단하지
　　않았다.

12 변호사시험 합격자 명단 실명 공고: 기각 (2018헌마77)

13 가축전염병 발생 지역 출입차량에 무선인식장치 설치: 기각 (2013헌마81)

14 4급 이상 공무원의 질병명 공개: 헌법불합치 (2005헌마1139)

15 공적 인물의 공익과 관련된 김일성애도편지 사건: 기각 (97헌마265)

16 실효된 형의 범죄경력 공개: 기각 (2006헌마402)

17 국민기초생활보장법상 수급대상자의 금융거래 정보 제공: 기각 (2005헌마112)

18 법정에서 녹취시 법원의 허가 필요: 기각 (91헌마114)

19 경사까지 재산등록: 기각 (2009헌마544)

20 주민등록번호 변경 불허: 헌법불합치 (2013헌바68)

21 장기간 수감생활에서 불필요한 성충동 약물치료: 헌법불합치 (2013헌가9)

22 채무불이행자명부 복사: 기각 (2008헌마663)

23 통신매체이용음란죄의 경우 일률적으로 신상정보 등록: 위헌 (2015헌마688)

24 변호사 정보제공 사이트 (2008다42430)
    인맥지수는 침해, 승소율과 전문성은 적법

25 수사경력자료의 보존: 합헌 (2010헌마446)
    ▶ 보존기간을 두는 것: 합헌
       사망시까지 무기한: 위헌
       범죄경력: 합헌

26 불처분결정된 소년부송치 사건 자료 보존: 헌법불합치 (2018헌가2)

27 미결수용자의 교도소 내 징벌정보 통보행위: 합헌 (2013헌마865)

28 성범죄자 신상정보 등록: 합헌 (2015헌마548)
    거주 · 이전의 자유나 직업선택의 자유, 진술거부권은 제한되는 영역이 아니고 자기결정권을 심사

29 게임물에 청소년 회원가입시 법정대리인의 동의 확보: 합헌 (2013헌마517)

30 건강보험 요양급여 내역 제공행위: 위헌 (2014헌마368)
    ① 사실조회행위는 임의수사에 해당하므로 영장주의가 적용되지 않는다.
    ② 수사기관은 이미 소재를 파악한 상태였거나 다른 수단으로 충분히 파악할 수 있었으므로 민간정보인 요양급여 정보가 수사기관에 제공되어 중대한 불이익을 받게 되었다. 따라서 이는 개인정보자기결정권을 침해하였다.

31 문화예술계 블랙리스트 작성: 인용 (2017헌마416)

32 대한적십자사 회비모금 목적의 지로제출과 자료제공: 각하, 기각 (2019헌마1404)
    단순한 착오가능성일 뿐, 자료의 범위는 예측가능하여 합헌

제2항　주거의 자유

01 서론

개념	사생활 '공간'을 침해당하지 아니할 권리	
연혁	건국헌법	거주 · 이전의 자유에 포함
	5차 개정	별개조항으로 규정
주체	• 자연인, 법인(대표자) – 즉, 법인의 경우에는 부정된다는 것이 다수설 • 투숙객(호텔)	

02 내용

주거의 불가침	주거	개념	거주 · 노동 · 직업을 위해 점유하고 있는 일체의 시설	
		주거침입죄(○)		주거침입죄(×)
		• 대학강의실 · 연구실 침입 • 호텔 · 여관 침입(이 경우 투숙객이 주거권자) • 주거이동차량, 선박 • 임대기간 만료 후 무단침입		• 영업 중인 음식점 • 백화점, 상점, 서점 • 공개적으로 누구나 들어갈 수 있는 곳(사실상 평온을 해하지 않은 경우) • 간통목적 주거침입

제3항　거주 · 이전의 자유

01 서론

개념	주소 · 거주지 설정 · 이전에 있어 국가권력의 간섭 배제
기능	• 시장경제 촉진 • 직업선택의 자유 보장의 전제
주체	국민, 국내법인 cf) 외국인(×) ➡ 입국의 자유(×)

02 내용

구분	한계, 예외
국내 거주 · 이전의 자유	• 부모의 교육권 · 거소지정권 > 미성년자 가출의 자유 • 북한은 제외
국외 이주의 자유	신고의무(합헌)
해외여행의 자유	병역의무자 제한(합헌)

입국의 자유	국민 · 북한주민(○), 외국인(×)
출국의 자유	입영대상자, 납세의무불이행자, 범죄자 제한
국적변경의 자유	무국적의 자유(×), 국적이탈의 자유(○), 외국인(×)

> **⚖ 판례 Ⅰ**
>
> 1 외국인의 경우 국적선택권은 존재하지 않는다(2003헌마806).
>
> 2 해외체제자의 병역의무면제연령 36세로 연장: 합헌 (2004헌바15)
>
> 3 해외 위난지역(예를 들어 아프카니스탄)에서의 여권사용 제한: 기각 (2007헌마1366)
>
> 4 추징금, 병역의무자, 범죄혐의자 출국 제한: 합헌 (2007헌마1366, 2003헌가18)
>
> 5 북한 고위직 출신의 여권발급 제한은 과도한 것으로 위법하다(2007두10846).
>
> 6 법인의 대도시 부동산 취득시 중과세: 합헌 (97헌바79)

3장

제4항 통신의 자유

01 서론

연혁	건국헌법		
성격	소극적 권리	공개되지 아니할 권리	
	적극적 권리	통신시설의 무하자관리 요구권	
범위	보호(○)		보호(×)
	통신내용, 발신자, 수신자, 엽서, 전보, 스팸메일		신문, 서적, 소포
효력	대국가적(직접) + 대사인적(간접)		

02 내용

열람금지	타인의 통신물 개봉, 도청, 읽는 행위 금지
누설금지	통신업무상 취득한 사실 ➡ 공개 금지
정보금지	통신업무상 취득한 내용 ➡ 정보활동에 제공 금지
허용	• 역탐지: 협박 등 / 피해자 신청 or 직권 / 영장 예외 • 범죄통화 청취 ➡ 수사기관 고지의무
통지제도	감청을 한 경우 30일 이내에 집행 사실을 서면으로 통지해야 한다.

03 제한 - 통신비밀보호법

긴급 통신제한	주체	검사 · 사법경찰관 · 정보기관장	
	절차	착수 즉시 법원 허가신청 ➔ 즉시 허가받아야 하며, 36시간 내 허가받지 못한 경우 즉시 중지하고 자료는 폐기 한다.	
감청	**범죄 수사**	주체	검사
		기간	2월 + 2월(1년이 상한)
	국가 안보	주체	정보수사기관장
		기간	4월 + 4월
		허가	• 고등법원수석판사: 내국인 포함된 경우 • 대통령: 군작전수행, 외국인 대상

✎ 사생활의 비밀과 통신의 비밀이 경합하면 통신의 비밀이 우선 적용된다.

⚖ 판례 |

1 타인 간의 대화의 녹음 (2006도4981)
　　타인은 대화에 참여하지 않은 제3자이다.

2 연장기간에 제한이 없는 통신제한 조치: 헌법불합치 (2009헌가30)

3 미결수용자의 서신검열: 위헌확인, 기각 (92헌마144)
　　① 변호인 아닌 자의 서신검열: 기각
　　② 변호인과의 서신검열: 위헌
　　③ 지연발송: 기각

4 감청설비의 제조 등에 있어서의 정보통신부장관의 인가: 합헌 (2000헌바25)

5 신병훈련소 전화통제: 기각 (2007헌마890)

6 이동통신단말장치 지원금 상한제: 합헌 (2014헌마844)

7 수사기관의 통신사실 확인자료 열람 및 요청: 헌법불합치 (2012헌마538)
　　이 사건 요청조항은 과잉금지원칙에 반하여 청구인의 개인정보자기결정권과 통신의 자유를 침해한다.
　　▶ 영장주의 위배는 아니다(법원의 허가를 받도록 규정).

8 수사기관 등에 의한 통신자료 제공요청: 헌법불합치 (2016헌마388)
　　통신자료는 영장주의가 적용되지 않으나, 사후통지절차가 없어서 헌법에 위반된다.

9 인터넷회선 감청의 위헌 여부: 헌법불합치 (2016헌마263)

10 이동통신서비스 가입시 본인 확인: 합헌 (2017헌마1209)
　　▶ 통신의 자유 ○, 개인정보자기결정권 ○, 통신의 비밀 ×

11 감청과 압수 · 수색 (2016헌마263)

구분	대상
감청	진행중
압수 · 수색	수신 완료 · 저장

제3절 정신적 자유권

제1항 양심의 자유

01 서론

양심의 개념	콜로 내용	'윤리·도덕적 내심영역'에서의 개인의 인격형성과 관련된 옳고 그름의 윤리적 판단 (96헌가11), 단순 사실관계는 보호 ×, 지극히 주관적, 진실해야 하고 확고해야 함, 최소한 증명의무 지님, 도덕적으로 정당하다는 의미는 아님
학설	윤리적 양심설	윤리적·도덕적 내심의 자유[사상 포함(×)] – 준법서약서, 음주측정
	사회적 양심설	포괄적 내심의 자유[사상 포함(○)] – 사죄광고, 불고지
연혁	5차 개정헌법	양심의 자유 / 종교의 자유 분리
주체		• 자연인 • 법인(×) – 법인의 경우는 법인의 대표자(사죄광고에서)

02 내용

양심형성의 자유			국가는 보도매체 등을 이용하여 특정 사상 또는 세계관을 선전하여 양심형성을 강요해서는 안 됨
양심실현의 자유	포함 여부	판례	판례는 양심실현의 자유도 양심의 자유에 포함된다고 보는 긍정설의 태도
	부작위에 의한 실현	침묵의 자유	(≠묵비권)
		양심추지 금지	간접적 표명(십자가 밟기 등), 준법서약제도
		행위강제 금지	• 형성된 양심과 반대되는 행위 강제(사죄광고) • 양심적 병역거부
	작위에 의한 실현	양심범	내부 공익신고자는 더 보호 (2018헌바127)

03 제한 가능성

헌법재판소는 양심형성의 자유와 양심적 결정의 자유는 내심에 머무르는 한 절대적 자유라는 입장이다.

> ⚖️ **판례 ┃**
>
> **1 공정거래위원회의 법위반 사실을 공표: 위헌 (2001헌바43)**
>   이는 무죄추정의 원칙에 반하여, 일반적 행동자유권도 침해한다. 또한 위반사실을 공표하게 하는바 진술거부권도 문제가 된다. 양심을 침해하지는 않는다.
>
> **2 공직선거에서의 '전부거부' 표시 금지: 각하 (2005헌마975)**

3 준법서약제도: 기각 (98헌마425)

　법정의견은 양심에 사상을 포함하지 않았다. 준법서약은 단순히 확인·서약에 불과하고 가석방은 권리가 아니다.

4 간첩에 대한 불고지시 처벌: 합헌 (96헌바35)

5 양심적 병역거부: 헌법불합치 (2011헌바379)

　① 병역의 종류에 대체복무가 규정되지 않은 것은 헌법에 위반된다.

　② 병역의무 불이행시 처벌하는 것은 헌법에 위반되지 않는다.

6 공익신고자의 경우 내부 공익신고자를 우대하는 것: 합헌 (2018헌바127)

7 전투경찰대원에 대한 시위진압명령: 기각 (91헌마80)

8 좌석안전띠 강제착용은 양심의 보호영역에 속하지 않는다(2002헌마518).

9 대체복무제 사건: 기각 (2021헌마117)

　① 교정실로 복무장소 국한, ② 복무기간 36개월, ③ 합숙조항, ④ 정당가입금지 - 모두 합헌

제2항 | 종교의 자유

01 서론

성격		주관적 공권 + 객관적 가치질서(정교분리)
연혁		3공 때부터 양심의 자유와 분리
주체	자연인	미성년자(○), 태아(×)
	법인	신앙 실행(선교·예배)의 자유(○)

02 내용

신앙의 자유	• 종교 선택·변경·포기의 자유 • 신앙·불신앙의 자유(불이익 금지) • 종교 유·무의 자유	
	괜찮은 것	잘못된 것
신앙 실행의 자유	• 국공립학교: 일반적 종교교육 • 종교재단: 예배시간 배정 • 성직자: 범죄인 고발하지 않은 것 • 종교단체: 종교적 징계	• 국공립학교: 특정 종교교육 참석 강요 • 종교재단: 대체수단 없는 종교교육 강제 • 성직자: 범죄인 은닉·도피 • 신앙심과 헌금의 연계 • 자녀에 대한 수혈거부시 유기치사죄 • 임의의 장소에서 행사하는 것까지는 보장 ×
정치와 종교의 분리	• 국교지정 금지 • 특정종교 우대 금지	

판례 |

1 미결수용자 종교행사 4주에 1회: 기각 (2013헌마190)

　4주에 1회라도 허용한 경우는 합헌이나, 종교행사를 전면 불허한 것은 위헌이다.

2 육군훈련소 내 종교행사 참석 강제: 인용 (2019헌마941)

3 종교단체가 학교 설립시 인가를 받는 것: 합헌 (99헌바14)

4 학교정화구역 내 납골당 설치금지: 합헌 (2008헌가2)

5 사립대학에서의 채플수업: 유효 (96다37268)

6 사립중고교에서의 채플수업은 선택권 필요 (2008다38288)

7 종교단체의 내부결의가 무효가 되기 위해선 매우 중대한 하자 필요 (2003다63104)

　하자가 매우 중대하여 이를 그대로 둘 경우 현저히 정의 관념에 반하는 경우라야 무효라 판단할 수 있다.

8 사법시험 제1차 시험의 일요일 시행: 기각 (2000헌마159)

9 종교인소득 비과세는 개인의 기본권과 관련 없다(2018헌마319).

10 종교단체의 경우라 해도 기반시설부담금까지 면제받지는 않는다(2007헌바131 등).

제3항 │ 언론·출판의 자유

01 의의와 성격

개념	개인적 사상·의견 ➡ 불특정 다수에게 발표
의의 (Smend)	• 민주주의 실현의 방법적 기초 • 기본권 질서의 핵심
주체	• 자연인, 법인 • 외국인(제한적)

02 보호영역

개념	표현·전달 형식에 어떠한 제한도 없다.
대상 (헌소대상○)	• 음반·비디오물 (91헌바17) • 상징적 표현·옥외광고물 (96헌바2) • 상업적 광고표현 (97헌마108) • 청소년이용음란물 (2001헌가27) • 최근 음란물에 관하여 판례가 변경 (2006헌바109) • 익명표현도 보호 (2008헌마324)

03 내용

(1) 알 권리

근거		헌법재판소	헌법 제21조(표현의 자유) - 구체적 권리	
내용		정보수령권	일반적으로 접근할 수 있는 정보원으로부터 방해받지 않고 정보를 수령할 권리	
		정보수집권	정보에 대한 접근·선택의 자유	
		정보공개 청구권	<공공기관의 정보공개에 관한 법률>	
			목적	알 권리 보장
			위원회	정보공개위원회는 행정안전부장관 소속
			청구권	모든 국민, 외국인(시행령)
			청구방법	구술 가능
			결정	원칙은 10일 이내에 결정, 10일 연장 가능 / 부분공개 가능
			비용부담	청구인 부담이 원칙
		청구대상	공공기관이 소유·관리하는 정보(사립대학 포함)	
			제외	① 법률에 의한 비공개정보 ② 국가안전, 국가 중대이익 침해 ③ 공공의 안전 위협
한계		헌법 제21조 제4항	타인의 명예·권리, 공중도덕, 사회윤리 침해 금지	
		헌법 제37조 제2항	국가안전보장, 질서유지, 공공복리	
		국가기밀	비공지 + 실질비 (89헌가104)	
		사생활	충돌의 기본이론과 특수이론, 사생활의 자유에서 자세히 설명	

⚖ **판례 |**

1 **교도소 내 질서유지를 위해 신문기사의 일부 삭제: 합헌** (98헌마4)

2 **피고인에게 재판서 미송달 - 알 권리 침해 아님** (91헌바1)

3 **국가보안법 사건: 한정합헌** (89헌가104)
  여기서 비밀이라 함은 비공지의 사실이며 실질적인 가치를 지녀야 한다. 국가보안법은 자의적으로 해석될 여지가 너무 많아 국가의 존립안전이나 자유민주적 기본질서에 해악을 끼칠 명백한 위험이 있는 경우에 적용된다 할 것이므로 그러한 해석하에 헌법에 위반되지 아니한다.

4 **저속한 간행물의 출판금지: 위헌** (95헌가16)
  ▶ 저속의 경우 명확성의 원칙 위반, 음란은 위반 아님, 둘 다 표현의 자유 보호영역에 속함, 성인의 알 권리 침해

5 **정보공개청구대상으로 사립대학** (2004두2783)
  ▶ 사립대학도 공공기관에 준하는 것으로 볼 수 있다.

6 시험에 관한 정보의 비공개: 합헌 (2007헌바107)

7 변호인 있는 피고인에 대한 공판조서 열람권의 제한: 합헌 (92헌바31)

8 사법시험 제2차 시험의 답안지 열람 (2000두6114)

　답안지 열람은 가능하나 채점결과는 열람이 금지된다.

9 청소년유해매체물의 전자표시: 기각 (2001헌마894)

10 한·중 마늘교역에 관한 합의서: 각하 (2002헌마579)

　국민에게 중요하고 기본적인 정보는 청구 없이도 국가는 공개하지만, 특정정보의 경우에는 국민의 공개청구가 필요하다.

11 변호사시험 성적 비공개: 인용 (2011헌마769)

12 변호사시험 성적 공개 청구기간 6개월로 제한: 위헌 (2017헌마1329)

13 국회정보위원회 회의 비공개로 규정: 위헌 (2018헌마1162)

(2) 액세스(Access)권

개념	협의	자기관련보도 ➡ 반론·해명권	
	광의	의사표현 위해 ➡ 언론매체 접근·이용권	
배경	언론의 거대화, 독점기업화		
비교		액세스(Access)권	알 권리
	주체	국민(보도에 의한 피해자)	국민, 언론
	객체	언론	국가
내용 (언론중재법)	반론보도 청구권	사유	'사실보도'로 인한 피해
		요건	• 언론사의 고의 또는 과실, 위법성을 요하지 않음 • 보도내용이 허위와 무관
		기한	• 보도 후~6월 이내 • 보도사실 안 날~3월 이내
		절차	• 언론중재위원회의 중재절차는 임의적 절차 • 가처분 절차에 의함
		청구	서면 ➡ 발행인
	정정보도 청구권	사유	'사실보도'로 인한 피해
		요건	• 언론사의 고의 또는 과실, 위법성을 요하지 않음 • 보도내용이 허위임을 전제로 함
		기한	• 보도 후~6월 이내 • 보도사실 안 날~3월 이내
		절차	• 언론중재위원회의 중재절차는 임의적 절차 • 가처분 절차에 의하면 안 됨
	추후보도 청구권	사유	범죄혐의·형사상 조치 등의 보도
		기한	무죄판결 후~3월 이내
		청구	서면 ➡ 언론사

📖 판례 |

1 시정권고신청권은 피해자에게만 부과: 기각 (2012헌마890)

2 인터넷 신문의 경우 5인 이상 취재 및 편집 인력을 갖출 것을 요구: 위헌 (2015헌마1206)
  ▶ 언론의 자유가 문제됨, 직업은 판단하지 않음

3 방송편성 간섭 금지 및 처벌: 합헌 (2019헌바439)

4 신문법 사건 (2005헌마165)

심판대상조항	주문	결정이유
신문법 제15조 제2항 (신문사가 방송을 겸영금지하는 것)	합헌 (6인)	일간신문의 뉴스통신과 방송사업 겸영 규율은 고도의 정책적 판단으로 입법자의 미디어 정책적 판단에 맡겨져 있음
신문법 제15조 제3항 (신문사가 또 다른 신문사를 소유 못하게 하는 것)	헌법불합치 (헌법불합치 4인, 위헌 3인)	신문의 복수소유가 언론의 다양성을 저해하지 않는 경우 필요 이상으로 신문의 자유를 제약 – 다만, 복수소유의 규제 기준 등은 입법자의 재량으로 개선입법이 있을 때까지 계속 적용
신문법 제16조 제1항, 제2항, 제3항 (경영관계 및 소유관계신고의무)	합헌 (6인)	신문기업은 일반기업에 비해 공적 기능과 사회적 책임이 크므로 투명성을 높여야 함
신문법 제17조 (시장지배적 사업자 추정조항)	위헌 (7인)	발행부수만으로 신문시장의 점유율을 평가할 수 없고 불공정 행위를 초래할 위험성이 특별히 크다고 볼 수 없는데도 일반사업자에 비해 더 쉽게 시장지배적 사업자로 추정하는 것 등은 불합리
신문법 제34조 제2항 (신문발전기금 지원금지대상)	위헌 (전원일치)	시장점유율이 높다는 이유만으로 기금 지원의 대상에서 아예 배제하는 것은 합리적이 아님
언론중재법 제6조 (고충처리인을 두는 것)	합헌 (7인)	운영에 관한 사항은 전적으로 신문사업자의 자율
언론중재법 제14조 (고의나 과실 불요)	합헌 (전원일치)	정정보도는 민법상 불법행위와 전혀 다른 청구권
언론중재법 제26조 제6항 (정정보도 청구사건의 가처분절차조항)	위헌 (6인)	사실적 주장에 관한 언론보도가 진실이 아니라는 것을 간략한 소명으로 대체하는 것은 언론사의 방어권을 심각하게 제약함
언론중재법 부칙 제2조 (소급적용에 관한 부분)	위헌 (8인)	이미 종결된 과거의 법률관계를 소급하여 새로이 규율하는 것이기 때문에 소위 진정소급입법에 해당

04 사전 검열금지

(1) 개관

개념	검열은 행정권이 주체가 되어 사상이나 의견 등이 발표되기 이전에 예방적 조치로서 그 내용을 심사 · 선별하여 발표를 사전에 억제하는 것
연혁	제7차 개헌 때 삭제되었다가 제9차 개헌 때 다시 부활

(2) 내용

행정권이 검열의 주체	검열의 주체는 행정권에 한정되므로 행정권 이외의 국가기관 특히 법원에 의한 사전 제한 예컨 대 가처분에 의한 의사표현의 사전 억제는 검열에 해당하지 않는다. 헌법재판소도 민사소송법 가처분절차에 따른 법원의 사전통제를 검열로 보지 않았다. 또한 검열기관으로서 행정기관인지 여부는 형식이 아니라 실질을 기준으로 한다. 공연윤리위원회, 공연진흥협의회, 등급위원회는 형식적으로는 민간단체이어서 행정기관이 아니나 실질적으로는 인적 · 물적으로 행정권의 지배 하에 있으므로 검열기관인 행정기관이라는 것이 헌법재판소 판례이다.

허가를 받기 위한 표현물의 사전 제출의무	사후의 사법적 규제는 검열이 아니다. 따라서 사법절차에 의한 영화상영 금지, 명예훼손이나 저작권 침해를 이유로 한 가처분, 형벌규정으로 압수는 검열이 아니다. 납본제도는 출간 이후의 통제제도이므로 검열이 아니다.
표현의 내용을 심사·선별	발표할 내용을 심사·선별하는 것이어야 한다. 옥외광고물설치허가제는 설치장소, 크기, 모양, 색깔 등에 대한 통제이지 광고내용통제가 아니므로 검열이 아니다. TV방송국 설립허가제는 방송국 시설기준에 대한 통제이지 방송내용통제가 아니므로 검열이 아니다.
심사절차를 관철할 수 있는 강제수단	검열이 되려면 검열의 개념적 요소를 다 갖추고 있어야 한다. 등급제는 사전적 심사나 발표를 금지하는 것이 아니므로 검열이 아니다. 그러나 등급분류보류제는 등급이 나오기 전에 영화상영이 금지되므로 검열이다.

판례 I

1 일정한 시설을 갖추어 등록하게 하는 것은 헌법에 위반되지 않는다(94헌바15).

2 방송사업 허가제: 합헌 (2000헌바43)
  방송사업에 대한 시설기준을 법률로 정한 것이다.

3 검열은 절대적 금지
  진술거부권도 법으로 강제 못함, 접견교통권도 어떠한 이유로도 제한 못함, 양심형성, 신앙의 자유도 절대적 기본권임, 고문도 절대 못함, 언론·출판, 집회·결사의 자유 허가제 금지

4 건강기능식품법상 기능성광고에 대한 사전심의: 위헌 (2016헌가8)

5 의료광고 사전심의는 검열: 위헌 (2015헌바75)

6 한국의료기기산업협회의 의료기기 광고 사전심의는 검열: 위헌 (2017헌가35)

05 제한과 한계

제한원칙	이중기준원칙	표현의 자유 - 우월적 기본권 ➡ 엄격심사, 입증책임 전환	
	명확성원칙	'막연하므로 무효(void for vagueness)'	
	입증책임	미국	피해자
		한국	언론·출판사 - 진실성과 공익을 입증
	명백·현존 위험이론	실질적 해악이 있을 경우에만 규제해야 한다는 이론	
한계	명예훼손의 금지	집단표시에 의한 명예훼손도 개별구성원이 특정되는 경우 범죄 성립	
		비방할 목적은 부정하는 경향 / 공익은 잘 인정	

⚖ 판례 Ⅰ

1 전기통신기본법상 공익: 위헌 (2008헌바157)

2 불온통신의 규제: 위헌 (99헌마480)
공공의 안녕질서 또는 미풍양속을 해하는 불온통신의 개념은 너무 포괄적으로 규제되고 있어 이는 헌법에 반함
《주의》 불온서적의 경우 합헌인 것을 주의

3 제한상영가는 명확성의 원칙에 반한다(2007헌가4).

4 인터넷 홈페이지 운영책임 (2002다72194)
제3자의 명예를 훼손하는 글이 게시되고 그 운영자가 이를 알았거나 알 수 있었다는 사정만으로 항상 운영자가 그 글을 즉시 삭제할 의무를 지게 된다고 할 수는 없다. 100만 명 이상의 포털인 경우는 다르다.

5 교통수단이용 광고의 전면광고 제한: 기각 (2000헌마764)

6 식품의 약리적 효능에 관한 상업광고규제: 기각 (97헌마108)

7 숙취해소용 천연차 표시금지: 위헌 (99헌마143)

8 음란사이트 링크행위가 아닌 사실상 지배행위를 처벌 (2001도13335)

9 인터넷 실명제: 위헌 (2010헌마47)
인터넷 게시판에 정보를 게시할 수 없도록 하는 본인확인제는 아래와 같이 목적달성에 필요한 범위를 넘는 과도한 제한을 하는 것으로서 침해의 최소성이 인정되지 않는다.
▶ 선거실명제도 최근 위헌이 되었다.

10 방송통신위원회의 정보취급거부명령 폐쇄 포함: 합헌 (2012헌바415)

11 국가모독죄: 위헌 (2013헌가20)
《주의》 국기모독죄: 합헌 (2016헌바96)

12 선거운동의 자유는 헌법에 정한 언론 · 출판 · 집회 · 결사의 자유 보장 규정에 의한 보호를 받는다(99헌바92 등).

13 후보자 명의 칼럼금지는 필요 이상으로 표현의 자유를 제한하여 헌법에 위반된다(2016헌마90).

14 신뢰성과 공공기관의 정상적인 업무수행을 위한 게시판 본인확인제: 기각 (2019헌마654)

15 세종특별자치시 옥외광고물 원칙적으로 총 수량 1개로 규제: 기각 (2014헌마79)

제4항 | 집회·결사의 자유

01 집회의 자유와 결사의 자유의 구별

공통점	다수인이 공동의 목적을 가지고 평화적으로 일정한 장소에서 일시적으로 회합하는 행위		
		집회의 자유	결사의 자유
차이점	개념	일시적 모임	계속적 모임
	인적 요건	2인 이상	2인 이상
	목적요건	내적 유대관계	제한(×)
	주체	자연인, 법인	자연인, 사법인, 공법인(×)
	성격	소극적 + 적극적(공공시설 사용 요구)	징치적 자유권, 제도적 보장
	효력	대국가적 + 대사인적(간접)	
	자유	• 집회 개최·미개최의 자유 • 집회 참가·미참가의 자유 • 집회 사회·연설·토론의 자유 • 우발적·계획적 시위(이동집회)의 자유	일반 결사 / 공법상 결사 적극적 자유 / 가입 강제 소극적 자유 / 탈퇴 제한 (탈퇴·미가입)
	제한	허가제(×), 신고제(○)	허가제(×), 등록제(○)

02 집회

절대적 금지	• 해산된 정당을 옹호하는 집회 • 명백·직접적 위협(폭행·협박·손괴·방화) / 단순 가능성만으로는 안 됨 • 권력에서 소외된 소수의 보호를 위한 기본권		
조건부 제한	시간	옥외집회금지	일출 전, 일몰 후
			허용 / 질서유지인 지정 ➡ 신고시
	장소	100m 이내 금지 원칙과 예외	① 국회·법원·헌재: 활동에 영향 ×, 대규모 확산 × ② 대통령 관저, 국회의장·대법원장·헌재소장공관: 예외×(위헌) ③ 국무총리공관: 대상 ×, 대규모확산 × ④ 국내주재 외교기관·외교관 숙소: 대상 ×, 확산 ×, 휴일
	목적	교통질서 유지	주요도시·주요도로(시행령): 제한 가능
신고의무 예외	학문·예술·체육·종교의식·친목·오락·관혼상제·국경행사 등의 목적		
질서유지	• 18세 이상 질서유지인 임명 가능 • 경찰관 출입 가능(사전통보, 정복착용)		

이의절차
관할경찰서장에 집회신고(집회 720시간 전부터 48시간 전) ➡ 금지통고(신고서 접수 후 48시간 이내) ➡ 직근 상급 경찰관서의 장에게 이의신청(금지통고받은 날부터 10일 이내) ➡ 재결(이의신청 접수시부터 24시간 이내)
관할경찰서장에 집회신고 ➡ 금지통고 ➡ 행정소송 제기
신고서 보완은 12시간 이내에 24시간을 기한으로 함

⚖ 판례 |

1 집회의 목적은 내적인 유대관계로 충분 (2007헌바22)

2 집회장소를 항의의 대상으로부터 분리시키는 것을 금지 (2000헌바67)

3 야간 옥외집회: 헌법불합치 (2008헌가25)

　헌법이 금지하고 있는 허가제는 내용중립적인 시간, 장소, 방법에 대한 것은 아니다. 즉, 헌법 제21조 제2항을 침해한 것은 아니다. 다만, 이 조문은 해가 뜨기 전이나 해가 진 후에라는 시간적 제한이 집회의 자유를 과도하게 제한하고 있는 것이다.

4 야간 옥외집회의 금지: 한정위헌 (2010헌가2)

　이미 보편화된 야간의 일상적인 생활의 범주에 속하는 '해가 진 후부터 같은 날 24시까지의 시위'에 적용하는 한 헌법에 위반된다.

5 공공의 안녕질서에 대한 직접적인 위협이 명백한 경우에 집회의 자유 제한 가능 (2000헌바67)

6 신고의무 위반에 대한 형사처벌규정: 합헌 (91헌바14)

7 신고사항 약간의 미비는 집회해산사유가 아니다(98다20929).

8 긴급집회는 집회도중 신고하면 된다(2011헌바174).

9 외교기관 100m 이내에서의 일률적으로 집회 · 시위의 금지: 위헌 (2000헌바67 등)

10 각급법원 100m 이내에서의 일률적으로 집회 · 시위의 금지: 헌법불합치 (2018헌바137)

11 물포발사행위는 소의 이익이 없다.: 각하 (2011헌마815)

12 최루액 혼합살수행위: 인용 (2015헌마476)

13 직사살수: 위헌 (2015헌마1149)

14 삼보일배행진을 제지한 행위: 기각 (2019헌마1091)

15 경찰의 채증자료 수집을 위한 촬영행위: 기각 (2014헌마843)

03 결사

주체	• 자연인뿐만 아니라 법인도 그 주체가 됨 • 그러나 공법인의 경우는 자발성이 없어 결사의 자유가 아닌 일반적 행동자유권의 문제
내용	단체결성의 자유, 존속의 자유, 활동의 자유, 가입 · 잔류의 자유
제한	허가제는 어떠한 이유로도 인정되지 아니하나, 행정상의 편의를 위한 등록제나 신고제는 무방함

판례 |

1 축협의 복수조합 설립금지: 위헌 (92헌바47)

2 축협중앙회: 기각 (99헌마553)

축협중앙회는 공법인성과 사법인성을 겸유한 특수한 법인으로 결사의 주체가 될 수 있다. 그러나 농협과 의 합병에 대해서는 효율적 운영을 위한 것인바 기각되었다. 농지개량조합은 공법인이며 상공회의소는 사법인이라고 보고 있다.

3 변리사회의 가입강제는 공익사업 수행과 국제협력 증진을 위한 것으로 합헌 (2006헌마666)

4 월남전참전자회와 고엽제전우회 중복가입 금지: 합헌 (2014헌바442)

5 주택조합의 법적 성격 (92헌바43)

구성원의 자격을 제한적으로 정해 놓은 특수조합으로 헌법상 결사의 자유의 대상이 되는 단체가 아니다.

6 대한안마사협회는 회원들의 이익을 도모하기 위한 것으로 정당하다(2006헌가15).

7 상공회의소는 사법인 (2004헌가1)

《주의》 다만, 공익적 성격이 강하여 많이 규제 가능하다.

8 운송사업자 연합회 강제 가입: 합헌 (2018헌가8)

제5항 | 학문·예술의 자유

01 학문의 자유

(1) 개관

연혁	건국헌법	학문의 자유 규정
	현행헌법	대학의 자율성 추가
주체	자연인	외국인(○)
	법인	대학, 연구단체 등

(2) 학문의 자유

연구의 자유		절대적 자유 - 기존의 사상과 배치되더라도 허용해야 함
연구결과 발표의 자유		상대적 자유(제3자 피해×) - 일반적 언론·출판의 자유보다 강력히 보호됨
교수의 자유	주체	대학·고등교육기관 교육자
	내용	강의·출판
	수업권과의 관계	• 헌재는 단순히 기존의 지식을 전달하거나 인격을 형성하는 것을 목적으로 하는 교육은 학문의 자유의 보호영역이 아니라 교육에 관한 기본권(헌법 제31조)의 보호영역에 속한다고 판시한 바 있음 • 수업의 자유는 기본권이 아니라고 기출된 적도 있음

(3) 대학의 자치

학교법인의 경우에는 대학 자치의 주체가 아니라 설립·운영의 주체가 된다.

근거		헌법 제22조 제1항(학문의 자유), 헌법 제31조 제4항(대학의 자율성)
주체	원칙적	교수주체설(다수설), 모두가 주체가 됨 (99헌바63)
	제한적	학생의 학생회활동·학문연구 자율성
	판례	건의·비판을 통한 참여 가능성 자체가 봉쇄되지 않은 이상 재학생의 건의내용과 다른 결정이 내려졌다 하여 그들의 참여권이 침해되는 것은 아니다(94헌마277).
성격	판례	대학의 자율성은 헌법 제22조 제1항이 보장하고 있는 학문의 자유의 확실한 보장수단으로 꼭 필요한 것으로 이는 대학에게 부여된 헌법상의 기본권이다.
내용		인사·학사·관리와 운영·대학교수의 신분보장이 그 핵심 내용임
질서유지		대학이 일차적으로 질서유지권을 가지나 대학의 요청이나 동의가 있는 경우 또는 긴급한 사유가 있는 경우 경찰권의 개입이 허용됨

⚖️ 판례 Ⅰ

1 **학문연구의 자유** (2007도10121)

　기존의 사상 및 가치체계와 상반되거나 저촉되어도 학문연구는 용인되나 이를 강연, 기고, 출간한 경우 처벌될 수 있다.

2 **국립대학 교수들의 총장 선출권 존재: 기각** (2005헌마1047 등)

　《주의》 다만, 사립대학교 교수들은 총장 확인의 이익이 없다.

3 **단과대학장의 선출에 참여할 권리가 있는지 여부: 각하** (2011헌마239)

4 **법학전문대학원 설치 인가주의: 기각** (2008헌마370)

5 **서울대학교 입시과목에서 일본어 배제: 기각** (92헌마68 등)

　서울대학교에서 일본어를 입시과목에서 제외한 것이 문제되었으나 대학의 자율에 관한 것인바 기각결정 하였다. 여기서 특히 공법인의 기본권 주체성이 문제되었으나 우리 헌재는 서울대학교와 세무대학교에서 인정하였다.

6 **세무대학 폐지: 기각** (99헌마613)

　대학의 자율성은 그 보호영역이 원칙적으로 당해 대학의 계속적 존립에까지 미치는 것은 아니다.

7 **이화학당의 입학자격 요건: 기각** (2009헌마514)

　이 사건 인가처분으로 인하여 남성인 청구인의 직업선택의 자유와 사립대학의 자율성이라는 두 기본권이 충돌하게 된다. 이는 여자대학으로서의 전통을 유지하려는 이화여자대학교의 자율성을 보장하고자 한 것으로 합헌이다.

8 **강원대 로스쿨 신입생 1명 모집 정지: 인용** (2014헌마1149)

9 **간선제인 경우 총장후보자의 1천만원 기탁금: 인용** (2014헌마274)

10 **직선제인 경우 1천만원의 기탁금은 합헌이나, 기탁금 반환 규정은 위헌** (2019헌마825)

11 **직선제의 경우 3천만원 기탁금은 합헌이며, 반환규정도 공직선거법과 동일한 경우 합헌** (2020헌마1219)

12 **정상적인 학사운영이 불가능한 경우 학교폐쇄: 합헌** (2016헌바217)

02 예술의 자유

(1) 개관

주체	자연인	외국인(○)
	법인	예술품의 전시·공연·보급도 들어가기 때문에 이를 담당하는 법인의 경우도 주체가 된다(91헌바17).

(2) 내용

예술 창작의 자유	자기목적적 예술	
예술 표현의 자유	○	×
	예술품의 전시·공연·보급·판매	예술비평(➡ 언론의 자유)
	한계	• 자유민주적 기본질서 • 헌법 제21조 제4항(타인의 권리·명예, 사회윤리) • 헌법 제37조 제2항(국가안전보장, 질서유지, 공공복리)

03 저작권

저작권의 보호는 창작적인 표현형식에 있지 학술적인 내용에 있는 것은 아니라 할 것이다(93다3073).

⚖️ 판례 |

1 등록료 미납으로 인한 실용신안권 소멸: 합헌 (2001헌마200)

2 권리자의 요청에 따른 필요한 조치: 합헌 (2009헌바13)

제4장 경제적 기본권

제1절 재산권

01 보호영역

개념	사적 유용성과 원칙적 처분 가능성을 가진 재산가치 있는 구체적 권리	
	• 경제적 가치 있는 모든 공법상·사법상의 권리를 의미 • 단순한 경제적 기회, 기대이익, 반사적 이익은 제외	
	공법상의 권리인 경우: 사적 유용성 + 수급자의 상당한 기여 + 생존확보에 기여 + 법률에 규정된 요건을 충족 《주의》 고엽제 후유증 사망시 유족수급권은 재산권이 아님	
	공적 부조의 경우 수급권자의 기여가 없어 재산권이라 할 수 없음	
성격	제23조 제1항	기본권 '형성적' 법률유보(○)
주체	국민, 외국인, 법인	
내용	재산권의 보장	사유재산 이용·수익·처분의 자유
	제도의 보장	• 생산수단의 사유제 인정 • 상속제도의 보장 • 전면적 / 무보상 국·공유화 금지

보장 범위 (헌재 판례상)	○	×
	• 모든 종류의 물권, 환매권, 특허권, 실용신안권 • 국가배상청구권(헌재 – 청구권 + 재산권) • 건설업자 영업권 • (등록·확인 후) 보상금수급권 • 관행어업권 • 재산 그 자체 • 공법상 권리 　(사적유용성·상당한 자기기여·생존확보에 기여) • 보상청구권(원호보상·손실보상) • 정당한 지목 등록한 토지소유자의 이익 • 실용신안권	• 기대이익, 반사이익, 개발이익, 우선매수권 • 강제집행권 • 상공회의소의 의결권과 재산 • 특정장소에서의 영업권 • (등록·확인 전) 보상금수급권 • 한약조제권 • 의료보험조합 적립금, 농지계량조합 재산 • 농조 총회에서의 의결권 • 계속 재직시 받았을 급료(교원, 치과의사) • 자유로운 기부기회의 보장 • 환매권 소멸 후의 우선매수권 • 사업계획승인권 • 이동전화번호 • 사망일시금 • 학교안전공제회 사고예방기금

✎ 의료보험수급권 ○, 의료보험 적립금 ×, 의료급여수급권 ×

02 제한

근거	헌법 제23조 제3항(수용 · 사용 · 제한)	
목적	공공필요(최근 판례는 공공복리가 더 넓다고 판시)	
한계	• 제23조 제3항(공공성), 제37조 제2항(공공복리성) • 기본권 제한의 일반원칙(과잉금지 · 본질침해금지)	
형식	법률	
유형	공용수용	재산권의 강제적 취득
	공용사용	재산권의 일시적 강제사용(사용 제한)
	공용 제한	특정 재산권행사의 제한(계획 제한, 보전 제한, 사업 제한)

03 보상

		역대헌법	규정의 내용
연혁	정당한 보상	제헌헌법, 제1 · 2공화국 헌법	상당한 보상
		제3공화국 헌법(1962년 헌법)	정당한 보상
		제4공화국 헌법(1972년 헌법)	보상범위와 보상기준까지 법률에 유보함
		제5공화국 헌법(1980년 헌법)	이익형량 보상
		현행헌법	정당한 보상
기준	완전 보상	공시지가	개발이익 배제, 이주대책 ×

⚖️ 판례 |

1 도시계획법 제21조: 헌법불합치 (89헌마214 등)
토지사용권이 제한된다 할지라도 종래 목적으로 사용할 수 없을 경우에는 사회적 제약의 정도를 넘는 경우인바 이는 비례성의 원칙에 반하는 것이다. 따라서 이 경우는 위헌인바 비례성회복을 위해서는 반드시 금전보상만을 해야 하는 것은 아니다.

2 손실보상액 산정의 기준이 되는 공시지가: 합헌 (98헌바13)

3 개발이익의 배제: 합헌 (89헌마107)

4 이주대책 대상에서 세입자 제외: 기각 (2004헌마19)

5 수용의 경우에도 양도소득세 부과: 합헌 (2010헌바134)

6 공탁금 이자 1%: 합헌 (90헌마214)

7 경과실로 인한 경우 실화의 경우 책임 부정: 헌법불합치 (2004헌가25)

8 공공시설의 무상국가귀속: 합헌 (2000헌가11)

9 공유수면 불법매립의 국유화: 합헌 (2003헌바73)

10 적절한 보상조치를 마련하고 있는 자연환경지구 지정: 합헌 (2005헌바18)

11 성매매제공 재산 몰수: 기각 (2005헌마1167)

12 불법적 공용수용에 대한 수용청구권 배제: 합헌 (2004헌바57)
　손해배상 또는 부당이득으로 해결하면 된다.

13 택지소유상한에 관한 법률은 200평으로 제한: 위헌 (94헌바37)

14 민간 기업에 의한 토지수용: 합헌 (2007헌바114)

15 재래시장 재건축에서의 용이한 매도청구권: 합헌 (2003헌바18)

16 하천제외지 국유화 사건: 합헌 (93헌바12)

17 문화재 발굴비용을 사업시행자가 부담: 합헌 (2008헌바74)

18 상당히 넓은 범위에 걸쳐 있는 체육시설: 헌법불합치 (2008헌바166)
　포괄위임금지에 위배된다.

19 경과실의 범죄행위로 인한 보험급여정지: 위헌 (2002헌바1)

20 국민주택채권 강제 매입: 합헌 (2002헌바1)

21 부동산실명법 위반시 일률적으로 100분의 30 과징금: 위헌 (99헌가18)

22 상호신용금고의 예금채권자 우선변제: 위헌 (2003헌가14)

23 가구수가 증가하지 않은 경우 학교용지부담금 부과: 헌법불합치 (2013헌가28)

24 개인택시 양도 및 상속 제한: 합헌 (2010헌마443)

25 이주대책은 정당한 보상이 아님: 합헌 (2013헌바10)

26 영조물 일정 거리 이내에 광업권 행사 제한: 합헌 (2010헌바483)

27 이사의 책임을 물을 경우 주장자가 모두 입증: 합헌 (2014헌바202)

28 발송인의 승인을 받은 수취인만 우편법상 손해배상청구: 합헌 (2013헌바383)

29 수사기관의 수사결과 사무장병원으로 확인된 의료기관에 대한 의료급여비용 지급보류: 헌법불합치 (2021헌가19)
　무죄추정에 위배되지는 않으나, 무죄판결이 선고되는 경우에는 일정 부분에 대하여 지급할 필요가 있다.

30 개발부담금 우선징수: 합헌 (2014헌바473)

31 공익성이 낮은 경우에도 민간사업자에게 수용권한 부여: 헌법불합치 (2011헌바172)
　'공공필요'의 요건 중 공익성은 추상적인 공익 일반 또는 국가의 이익 이상의 중대한 공익을 요구하므로 기본권 일반의 제한사유인 '공공복리'보다 좁게 보는 것이 타당하다. 공익성이 낮은 경우에도 민간사업자에게 수용권한을 부여해서는 안 된다. 골프장을 위해 수용은 불가하다.

32 실질적인 혼인관계가 존재하지 않은 경우 국민연금분할: 위헌 (2015헌바182)

33 분쟁시에도 상속공제 신고기간 6개월: 위헌 (2009헌바190)

34 토지의 가격이 취득일 당시에 비하여 현저히 상승한 경우 환매금액의 증액 청구 가능: 합헌 (2014헌바400)

35 공익사업이 변환된 경우 환매권 제한: 합헌 (2011헌바49)

36 일본권 위안부 문제 해결 부작위: 인용 (2006헌마788)

37 조선철도 주식수용에 대한 보상 미비: 인용 (89헌마2)

38 과세최저한도 5만원: 합헌 (2009헌바199)

39 기존 세입자에 대한 갱신청구권 인정: 합헌 (2019헌마106)

40 특별사면시 금고 이상의 형만 일부 사면하고 퇴직급여 감액은 사면하지 않은 경우: 합헌 (2018헌바402)

04 특별부담금 사건

(1) 종류

특별부담금은 정책적·유도적 부담금과 재정충당 목적 부담금이 있다.

(2) 위헌 여부

재정충당 목적의 부담금의 경우에는 인적 특정과 지속적인 심사를 요한다.

특별부담금 사안	
문화예술 진흥기금	위헌
영화상영관 입장권 부과금	기각
TV방송 수신료	합헌
수분양자들의 학교용지 부담금	위헌
개발사업자의 학교용지 부담금	합헌
개발제한구역 훼손 부담금	합헌
해양환경개선 부담금	합헌
장애인고용 부담금	합헌
집단에너지공급시설의 건설비용 부담금	합헌
수질개선 부담금	합헌
교통안전 부담금	위헌
카지노 사업자의 납부금	합헌
국외여행자 납부금	합헌
폐기물 부담금	합헌
골프장 입장료(국민체육진흥)	위헌

제2절 직업의 자유

01 서론

개념			• 생활수단성 + 계속성 + 공공무해성 • 그러나 우리 판례는 공공무해성을 그 개념요소로 포함하지 않았음
직업 (인정요건)	목적	생활수단성	• 충족하면 ➡ 부업 – 직업(○) • 판례에선 공공무해성은 요건이 아님
	기간	계속성	
	사회적	공공무해성	
연혁			5차 개정
주체			국민(○) / 외국인의 경우 – 헌법상 권리 ×, 정부허가에 의한 법률상 권리 ○
효력			대국가적 + 대사인적(간접)

02 내용

직업결정의 자유	• 직종 · 직장 · 직업교육장 선택할 자유 • 법인 설립의 자유(상대적): 복수조합(사법인) 설립금지 (위헌; 92헌바47)
직업수행의 자유	개업 · 영업 · 폐업의 자유
직업이탈의 자유	직업 포기의 자유
완전경쟁의 자유	• 국가간섭 배제권: 자도소주구입강제 (위헌; 96헌가18) • 독점인 경우 예외적으로 합헌(탁주, 안마사, 담배)
겸직의 자유	• 부분적 제한 가능 • 일률적 · 포괄적 제한 불가: 행정사 겸직 금지 (위헌; 95헌마90)

03 제한 - 단계이론

개념		과잉금지원칙 ➡ 침해 최소단계~			
연혁	확립	<약국판결>(독일 헌재)		약국 간 거리 제한 ➡ 위헌	
	수용	<당구장판결> (92헌마80)		18세 미만 출입금지 ➡ 절대적 제한: 위헌	
내용	1단계	직업수행	법률상 규제	택시 합승금지, 유흥업소 시간 제한, 영업지 제한	
	2단계	주관적 사유에 의한 직업선택	비례의 원칙	일정 자격과 결부 ➡ 부분적 제한	사법시험, 약사시험
	3단계	객관적 사유에 의한 직업선택	엄격한 비례, 명백 · 확실한 위험방지	능력 · 자격과 무관 ➡ 일률적 제한	필요적 등록말소, 절대적 겸직 금지 등

🔨 판례 Ⅰ

1 **학교운영위원회 설치: 기각** (2000헌마278)
  이는 입법재량적인 것으로 이를 필수적으로 설치하든 임의적으로 설치하든 모두 헌법에 반하지 않는다.
  행정직원대표의 배제도 합헌이다.

2 **해당직업에 합당한 보수를 받을 권리는 불포함: 기각** (2007헌마444)
  《주의》 근로의 권리는 정당한 보수 포함

3 **약사의 한약조제 금지: 합헌** (97헌바10)

4 **법학전문대학원 입학정원 비율의 제한: 기각** (2007헌마1262)

5 **사법시험 정원제: 합헌** (2008헌바110)
  《주의》 2단계 주관적 사유에 의한 직업선택의 제한

6 **방송광고 판매대행 독점: 헌법불합치** (2006헌마352)
  한국방송광고공사와 이로부터 출자를 받은 회사가 아니면 지상파방송사업자에 대해 방송광고 판매대행을
  할 수 없도록 하는 것은 방송광고판매대행업자의 직업수행의 자유를 침해한다.

7 **방송광고판매대행 제한 경쟁: 기각** (2012헌마271)

8 터키탕업소에서의 이성의 입욕보조자 금지: 합헌 (97헌마64)

9 사법시험에서의 영어시험 대체제도: 기각 (2003헌마947 등)

10 국세의 경우에만 세무사자격시험에서의 일부 시험 면제: 기각 (2006헌마646)

11 자격증의 범위

구분	허용 여부
변호사 ➡ 변리사	○
변호사 ➡ 세무사	×
세무전문 변호사	○
변리사 ➡ 변호사	×
과거 세무사 자격취득한 변호사 ➡ 세무사	○

12 안마사 비맹 제외: 기각 (2006헌마1098)
　① 기속력을 인정할 수 있으려면 6인 이상의 찬성이 필요하다.
　② 시각장애인의 생존권 보장을 위한 불가피한 선택이다.

13 경비업에서의 업무 제한: 위헌 (2001헌마614)

14 정화조청소업의 허가제: 합헌 (2004헌바56)

15 경품용상품권제도의 폐지: 기각 (2006헌마1258)
　▶ 상품상한제도, 현금교환 금지: 합헌

16 사립학교 교원의 파산선고로 인한 당연퇴직: 합헌 (2005헌가21)

17 복수면허 의료인에게 하나의 의료기관 개설: 헌법불합치 (2004헌마1021)

18 의료기관시설에서의 약국개설금지: 합헌 (2001헌마700 등)

19 노래방에서 주류판매·제공금지: 합헌 (2004헌마431)

20 학교급식의 직영방식: 합헌 (2006헌마1028)

21 안경사에게 시력검사의 허용: 합헌 (92헌마87)

22 자동차판매업자에게 자동차등록신청대행업무의 허용: 합헌 (96헌마109)

23 학원강사의 자격은 대졸 이상: 합헌 (2002헌마519)

24 운전면허 취득시 시력 0.5 이상 취득자격: 합헌 (2002헌마677)

25 운전면허가 취소된 경우 개인택시운송사업면허 취소: 합헌 (2006헌바85)

26 결혼정보업체 과장광고: 기각 (2010헌마539)

27 변호인선임서를 공공기관에 제출할 때 소속 지방변호사회를 경유: 기각 (2011헌마131)

28 PC방 담배금지: 기각 (2011헌마315)

29 대부업자는 광고요건 엄격: 합헌 (2012헌바67)

30 벌금형 확정을 이유로 한 학원등록 실효: 위헌 (2011헌바252)

31 국제결혼중개업의 등록요건으로 1억원 이상의 자본금을 요구: 기각 (2102헌마745)

32 강제적 셧다운제: 기각 (2011헌마659)

33 청년고용할당제: 기각 (2013헌마553)

34 변호사시험 합격자의 실무수습기간 6개월: 기각 (2013헌마424)

35 변호사시험 성적 비공개: 인용 (2011헌마769)

36 학교환경위생정화구역 내 청소년 유해업소 금지: 합헌 (2011헌바8)

37 응급의료에 관한 법률상 응급환자이송업의 영업지 제한 : 합헌 (2016헌바100)

38 제조업의 직접생산공정업무에 관한 근로자파견 금지: 합헌 (2016헌바346)

39 입원환자의 경우 의약분업의 예외 인정: 합헌 (2013헌바422)

40 모의총포를 소지하는 행위: 합헌 (2011헌바18)

41 현금영수증 과태료: 합헌 (2017헌바57)

42 사법시험 폐지에 관한 변호사시험법: 기각 (2016헌마1152)

43 담배제조업 허가기준 300억원 이상의 자본금: 기각 (2017헌마438)

44 변리사 제2차 시험에서 실무형 문제 출제 공고: 기각 (2018헌마1208)

45 자동차 등을 이용하여 살인 또는 강간 등 행정안전부령이 정하는 범죄행위를 한 때 운전면허를 필요적으로 취소: 위헌 (2013헌가6)

46 법무사 시험을 치루지 않는 법무사법 시행규칙: 인용 (89헌마178)

47 국내치과의사면허 취득한 자에게 외국에서 치과전문의 과정을 이수한 경우 다시 국내에서 전문의 과정을 이수할 것을 요구: 위헌 (2013헌마197)

48 자격제도와 관련된 심사기준은 유연하고 탄력적 심사가 필요 (2002헌마519)

49 변호사시험 응시한도 5년에 5회: 기각 (2018헌마739)

50 변호사 광고에 관한 규정: 위헌 (2021헌마619)
   ① 변협의 유권해석위반 광고금지규정은 법률유보 위반
   ② 대가수수 광고금지규정은 과잉금지원칙에 위반되어 청구인들의 표현의 자유와 직업의 자유를 침해한다.

51 사업장 변경 횟수를 제한: 합헌 (2007헌마1083)
   부득이한 사유가 있는 경우에는 추가로 사업장 변경이 가능하여 직장선택의 자유를 침해하지 않는다.

52 변호사시험에서 코로나19 확진환자의 응시를 금지하고, 자가격리자 및 고위험자의 응시를 제한: 인용 (2020헌마1736)

53 어린이집 원장 및 보육교사 자격취소: 합헌 (2021헌바234)

54 정부광고 업무 한국언론진흥재단 위탁: 기각 (2019헌마227)

55 등록 또는 취소제도와 직업의 자유

사안	위헌 여부	내용
건축사 필요적 등록취소	위헌	사소한 업무범위 초과시 필요적 등록취소는 과도한 제재
건설업등록의 필요적 말소	합헌	명의대여행위
	합헌	부정등록한 건설업자
강제추행죄 벌금형 확정시 체육지도자의 필요적 자격 취소	합헌	체육활동을 하는 국민과 선수들을 보호하고 건전한 스포츠 환경을 조성을 위함
보험모집인 등록취소	합헌	등록취소 또는 업무정지명령이 선택적으로 이루어짐
수상레저기구 조정면허취소	위헌	범죄행위를 하는 경우 필요적 취소는 위헌임
미신고 수입물품 필요적 취소	합헌	필요적 몰수는 합헌임

의료인의 필요적 면허취소	합헌	허위의 진료비 청구로 금고 이상의 형을 선고받음
경비업의 필요적 취소	헌불	비경비업무에 종사하는 것을 전면적으로 금지하고 경비업 자체를 취소하는 것은 과잉금지 위반
필요적 운전면허취소	합헌	뺑소니 사범이 늘고 있는 현실
	합헌	3회 이상 주취운전한 경우
	위헌	자동차를 이용한 범죄행위에 대한 필요적 취소
	위헌	자동차를 훔친 경우
택시운전면허취소	합헌	도주차량죄
	합헌	운전면허가 취소된 경우
	합헌	승객성범죄
	합헌	친족성범죄

제3절 소비자의 권리

개념	공정한 가격, 양질의 제화, 적절한 유통구조, 적기 구입·사용
연혁	8차 개정
주체	자연인, 법인
효력	대사인적 효력
내용	안전의 권리, 알 권리, 자유로운 선택권, 의견반영권, 피해보상청구권

✎ 헌법 제124조의 경우, 소비자의 권리가 아니라 운동이라는 것이 자주 출제되고 있다.

> **판례 | 위력에 의한 업무방해:** 합헌 (2010헌바54)
>
> 소비자불매운동은 모든 경우에 있어서 그 정당성이 인정될 수는 없고, 헌법이나 법률의 규정에 비추어 정당하다고 평가되는 범위에 해당하는 경우에만 형사책임이나 민사책임이 면제된다고 할 수 있다. 우선, ⅰ) 객관적으로 진실한 사실을 기초로 행해져야 하고, ⅱ) 소비자불매운동에 참여하는 소비자의 의사결정의 자유가 보장되어야 하며, ⅲ) 불매운동을 하는 과정에서 폭행, 협박, 기물파손 등 위법한 수단이 동원되지 않아야 하고, ⅳ) 특히 물품 등의 공급자나 사업자 이외의 제3자를 상대로 불매운동을 벌일 경우 그 경위나 과정에서 제3자의 영업의 자유 등 권리를 부당하게 침해하지 않을 것이 요구된다.

제5장 정치적 기본권

제1절 정치제도의 기본원리

01 대의제

선거를 통한 대표선출	주권자인 국민의 선택
치자 ≠ 피치자	대표를 통해서만 정치참여 가능
자유위임, 무기속위임	대의제 ≠ 대리제(기속위임)
국민전체의 대표자	전체이익 우선, 추정적 의사 우선

> ⚖ **판례 |**
>
> 1 임기만료일 전 180일 이내에 비례대표국회의원에 궐원이 생긴 경우 의석승계 제한: 헌법불합치 (2008헌마413)
>
> 2 비례대표가 궐원된 경우 차순위 비례대표후보자의 의석승계 제한: 위헌 (2009헌마350)
>
> 3 전국구의원 탈당시 의석승계 부정: 각하 (92헌마153)
>   자유위임으로 인하여 탈당하여도 국회의원직을 상실하지 않는다.
>
> 4 당론과 다른 견해를 가진 국회의원 사·보임: 기각 (2002헌라1)

02 권력분립주의

권력분립원칙이란 국가권력의 기계적 분립과 엄격한 절연을 의미하는 것이 아니라 권력 상호간의 견제와 균형을 통한 국가권력의 통제를 의미한다.

> ⚖ **판례 |**
>
> 공수처는 여러 기관으로부터의 통제가 이루어질 수 있어 권력분립에 위반되지 않는다(2020헌마264).

제2절 참정권

01 서론

개념	국가의 조직·의사형성에 참여할 수 있는 국민의 권리
주체	국민의 권리인바 외국인은 인정하기 어려움
성격	• 실정법상 권리 • 일신 전속적 권리(양도·대리×)
제한	헌법에서 직접 제한 – 대통령의 피선거권(40세), 선거연령의 제한은 선거법에서 규정됨(18세)

02 직접 참정권

(1) 국민발안

간접 발안	국민 제안 ➡ 의회의결 ➡ 국민투표	2차~6차 개정

∅ 국민발안제는 제4공화국 헌법(1972년)에서 폐지

(2) 국민투표

① 연혁

제2차 개정헌법	주권의 제약, 영토의 변경 등 중대사항에 대한 국민투표제, 헌법개정에 대한 국민발안제
제5차 개정헌법	헌법개정에 대한 국민투표제
제8차 개정헌법	외교, 국방, 통일 기타 국가안위에 대한 국민투표
현행헌법	헌법개정에 대한 국민투표, 외교·국방·통일 기타 국가안위에 대한 국민투표

② 유형

구분	제130조 국민투표	제72조 국민투표
연혁	국가재건비상조치법(5차 개정), 헌법규정에 의해(5차 개정~)	2차 개정~
대상	헌법개정	국가안위 중요정책
필수성	필수	임의(대통령 자유재량)
정족수	국회의원선거권자 과반수 투표 ➡ 투표자 과반수 찬성	규정× (제130조 준용)

∅ 제72조 국민투표를 어떤 방식으로든 신임투표와 연계하는 것은 현재 부정하는 것이 다수의 견해이다.

(3) 국민투표법

제7조	투표권	19세 이상의 국민		
제28조	운동	정당법상 당원의 자격이 없는 자는 국민투표에 관한 운동을 할 수 없음		
제49조	공고	국민투표일 전 18일까지는 공고하여야 함		
제92조	무효소송	인적 요건	투표인 10만 이상 찬성	
		기간	투표~20일 이내 ➜ 대법원	
		피고	중앙선거관리위원회 위원장	
제97조	재투표	결과에 영향을 미친 경우 전부 or 일부무효판결(제93조) ➜ 재투표 실시		

> ⚖ **판례 | 재신임투표 제안: 기각** (2004헌나1)
>
> 자신의 신임을 국민투표의 형식으로 묻는 것은 위헌적인 행위로 보아야 한다. 그러나 제안이 아닌 단순한 발언 정도로는 구속력이 있는 것이 아닌바 각하되었다.

03 국민소환

공직자를 임기만료 전에 해직시킬 수 있는 권리, 지방자치단체의 경우 가능하다. 즉, 주민소환은 가능하다.

제3절 제도보장이론

01 개념

국가존립의 기반이 되는 일정한 제도를 헌법적 수준에서 보장한다. 개정은 법률로도 가능하지만, 본질은 헌법에 규정되어 있어서 폐지시는 헌법개정으로만 가능하다.

02 기본권과의 비교

구분	기본권	제도보장
보장 정도	최대보장	최소보장
입법재량	좁음	넓음
소권발생	○	×
재판규범	○	○

제4절 정당제도

01 정당제 민주주의

20세기 들어와 보통선거의 원칙은 과거 명사민주주의에서 대중민주주의로 변화를 가져오면서 수많은 유권자들의 정치적 참여를 가져오고 이는 필연적으로 정당의 존재를 필요로 한다. 정당제 민주주의에서 선거는 정부선택을 위한 국민투표제적 성격도 아울러 가진다.

02 정당제도의 헌법에의 수용

제2공화국	헌법에 정당에 관한 최초 명문규정
제3공화국	철저한 정당 국가적 경향(무소속 출마 ×)
제4공화국	무소속 허용 ➡ 상당한 완화
제5공화국	국고보조조항 신설
제6공화국	정당목적의 민주화 추가

03 법적 성격

헌법재판소는 법인격 없는 사단으로 보고 있다. 재산관계는 총유이다.

04 정당의 설립

(1) 정당의 조직

실질적 요건	발기인은 중앙당은 200인 이상, 시·도당은 100인 이상
	5 이상의 시·도당, 1천인 이상의 당원
	• 대한민국 국민이 아닌 자는 당원이 될 수 없음 • 국·공립 교수(○), 초·중·고 교사(×), 외국인(×), 공무원 (×), 국무총리(○), 국무위원 (○)
절차적 요건	중앙당 등록(정당법 제4조)
	선거관리위원회 심사(정당법 제15조) – 형식적 심사

(2) 정당의 당원

구분	가능 여부
국무총리	○
국무위원	○
사립중학교 교사	×
사립대학 교수	○
외국인	×
지방법원 판사	×

1 지구당 및 당연락소의 폐지: 기각 (2004헌마456)

2 당원협의회 사무소설치 금지: 합헌 (2013헌가22)

3 교원의 정당 가입 금지: 합헌, 정치단체 결성 · 가입 금지: 위헌 (2018헌마551)

4 사회복무요원의 정치적 행위 금지는 명확성의 원칙에 위배된다.: 위헌 (2019헌마534)

5 국가공무원법상 정치적 주장금지는 명확성의 원칙에 위배되지 않는다.: 기각 (2009헌마705)

6 선거관리위원회 공무원의 정치활동 금지: 합헌 (2010헌마97)

05 정당의 활동

당내민주주의	의사형성 과정이 민주화되어야 함	
구체적 요소	당헌 · 강령의 공개	
	법적 지위의 보장	
	• 소속의원의 제명에 관한 결의는 서면이나 대리인에 의하여 할 수 없음(출당을 의미 – 국회에서 제명시는 의원직 상실) • 제명시 소속 국회의원 전원의 2분의 1 이상의 찬성 필요	
	제도적 장치마련	전체모임이나 대의원대회가 최고의결기관이 되어야 함
	선거후보자 추천과정의 민주화	당내경선제도 – 임의적
		정당의 후보자로 선출되지 아니한 자는 같은 선거구에서 후보자로 등록 못함 / 사퇴 · 사망시는 가능
	재정의 민주화	정치자금법
실현방안	위헌정당 해산	민주주의의 부정인 경우 헌재에 의해 해산
	법원의 심사	정당 내부의 문제도 사법심사 가능
	후보자 등록거부	선관위는 형식적 심사권만 존재, 등록거부는 어려움

정당 내부의 국회의원후보공천과정과 관련하여 후보자공모기간이 지난 후 입당한 자를 지역구 후보자로 추천한 행위에 대하여 공천효력정지 가처분 결정을 내린 바 있다. 즉, 정당에 대하여 사법심사를 긍정한 것으로 보이는 하급심 판례이다.

06 위헌정당 해산

(1) 의의

민주주의의 가치상대주의적 관용도 민주주의를 부정하고 민주주의를 파괴하는 민주주의의 적에 대한 관용까지를 포함할 수는 없는 것인바 위헌정당을 헌법재판소에 의하여 해산하는 제도이다.

(2) 요건

① 실질적 요건

정당의 개념	• 등록을 필한 기성정당을 의미 • 부분조직이나 특별조직은 포함하나 방계조직은 행정처분의 대상이 됨 (즉, 청년부나 당보출판부, 시 · 도당 등은 해당되나 위장조직, 대체정당 등은 해당되지 않음)	
목적이나 활동	• 평당원의 경우는 당명에 의한 활동인 경우 해당 • 개별활동인 경우에는 해산사유가 되지 않음	
민주적 기본질서 위배	헌법재판소	헌법재판소는 정당이 자유민주적 기본질서를 부정하는 경우 그 위헌성을 확인하여 축출할 수 있다고 판시
비례의 원칙	국민의 정치적 의사형성에 미치는 영향이 미미하다면 부정됨	

② 절차적 요건

제소	• 헌법에는 정부로 규정되어 있음 • 이는 재량행위로 보는 것이 다수설
해산결정	6인 이상 찬성으로 해산결정을 하며, 이는 창설적 효력
집행	선거관리위원회는 위헌정당의 등록을 말소하며, 이는 확인적 효력

(3) 효과

정당의 해산	헌법재판소의 해산결정에 의해 자동적으로 해산됨
대체정당의 금지	유사정당은 금지되며 이를 위한 집회도 금지됨
정당재산의 국고귀속	정당의 잔여재산은 국고에 귀속됨(정당법 제48조)
소속의원자격상실 여부	판례는 제도의 실효성으로 인해 최근 상실로 판시 (2013헌다1)

> ⚖ **판례 | 통합진보당 해산청구사건:** 인용 (2013헌다1)
>
> 목적이 민주적 정당성에 위배되며, 해산결정으로만 기본질서에 가해지는 구체적 위험성을 제거하기 위한 부득이한 해법으로 비례의 원칙에 어긋나지 않는다. 또 피청구인 소속 국회의원은 의원직을 상실한다. 지방의원까지 의원직을 상실하는 것은 아니다.

07 정당의 소멸

(1) 정당의 등록취소

유효투표총수의 100분의 2 이상을 득표하지 못한 때 (최근 위헌판결 2012헌마431)

> ⚖ **판례 |**
>
> 100분의 2를 얻지 못한 경우 정당의 등록취소 및 명칭사용금지: 위헌 (2012헌마431)

(2) 정당의 자진해산

정당이 자진해산한 때에는 그 대표자는 지체 없이 그 뜻을 관할 선거관리위원회에 신고하여야 한다.

(3) 등록취소와 강제해산 비교

구분	등록취소	강제해산
헌법상 근거	헌법 제8조 제2항	헌법 제8조 제4항
사유	형식적 요건을 구비하지 못한 때, 정당이 국민의사 형성에 참여하고 있지 아니한 때	정당의 목적과 활동이 민주적 기본질서에 위배된 때
기존정당 명칭사용	사용 가능	불가능
유사정당 설립	가능	대체정당 설립 불가
잔여재산	1차 당헌에 따라, 나머지는 국고귀속	국고귀속
소속의원	무소속으로 자격유지	판례상실
법원제소	제소 가능	제소 불허

☑ **SUMMARY | 국고보조금 및 저지조항 비율 비교**

국고보조금	100분의 2
저지조항	100분의 3

08 정당과 정치자금

당비		타인 명의나 가명으로 납부 안 됨
후원회의 기부금	지정권자	① 중앙당 ② 국회의원(국회의원선거의 당선인을 포함) ③ 대통령선거의 후보자 및 예비후보자 ④ 정당의 대통령선거후보자 선출을 위한 당내경선후보자 ⑤ 지역선거구국회의원선거의 후보자 및 예비후보자. 다만, 후원회를 둔 국회의원의 경우에는 그러하지 아니함 ⑥ 중앙당의 대표자 선출을 위한 당내경선후보자 ⑦ 지방자치단체의 장선거의 후보자 및 예비후보자 – 기초 포함 ⑧ 지방의회의원선거의 후보자 및 예비후보자
	모금방법	집회에 의한 방법으로는 안 됨
	영수증제도	–
기탁금		• 각급 선거관리위원회에 기탁, 인적사항을 밝혀야 기탁할 수 있음 • 다만, 비공개를 조건으로 기탁할 수는 있음 • 지급 당시 국고보조금 배분비율에 따라 기탁금을 배분·지급함(지정기탁금제 삭제)

09 보조금의 배분

50%에서 균등배분		동일 정당의 소속의원으로 교섭단체를 구성한 정당
5%씩 지급		교섭단체를 구성하지 못하는 5석 이상의 정당
2%씩 지급	국회의원선거에 참여했는데, 의석이 없거나 5석 미만인 경우	국회의원총선거에서 100분의 2 이상을 득표한 정당
		국회의원총선거에서 100분의 2 이상을 득표하지 못한 경우 ➜ 의석을 가지고 지자체선거에서 0.5% 이상을 득표한 정당
	국회의원선거에 참여하지 아니한 경우	지자체선거에서 100분의 2 이상을 득표한 정당
잔여분		잔여분 중 50%는 의석수 비율에 따라, 50%는 득표율에 따라 배분

⚖ 판례 │

1 정치자금 자료의 열람기간을 3개월로: 합헌 (2018헌마1168)

2 정치자금 무상대여금지: 합헌 (2016헌바45)

3 정당에 대한 후원을 금지한 정치자금법: 헌법불합치 (2013헌바168)

4 정치자금법상 후원회 지정권자: 헌법불합치 (2018헌마301)
  광역지자체장 예비후보자는 헌법 위반, 자치구의회의 선거의 예비후보자는 합헌

5 지방의회의원의 후원회 지정 금지: 헌법불합치 (2019헌마528)

6 당원협의회 위원장을 후원회 지정권자에서 제외: 합헌 (2018헌마972)

7 대통령선거경선후보자의 후원금 전액 국고귀속: 위헌 (2007헌마1412)

8 교섭단체에게 유리한 국고보조금 배분비율: 기각 (2004헌마655)

제5절 선거제도

대한민국헌법 규정사항	공직선거법 규정사항
• 보통 · 평등 · 직접 · 비밀 • 국회의원수는 200인 이상 • 국회의원 임기는 4년 • 대통령선거시 최고 득표자가 2명일 때 국회에서 선출 • 대통령선거후보자가 1인일 경우 선거권자 총수 3분의 1 이상 득표 • 대통령 피선거권자 40세 이상 • 대통령 임기만료선거기간 70~40일 • 대통령 보궐재선거기간 60일 이내 • 대통령 임기 5년 중임 제한	• 국회의원 정수(300명) • 대통령 피선거권자 5년 이상 국내 거주요건 • 국회의원, 지자체장, 지자체 의원 피선거권자 18세 이상 • 국회의원, 지자체장, 지자체 의원 보궐선거, 재선거 기간 • 선거권자 연령 18세 • 선거일

01 선거의 원칙

1. 보통선거의 원칙

(1) 개관

개념		모든 국민은 누구나 선거권과 피선거권을 가진다는 원리를 의미
원칙		선거인명부에 등재된 자를 의미 – 형식주의를 택하고 있음
제한	국적에 의한 제한 (공직선거법 제15조)	외국인에게는 인정하지 않는다. 다만, 외국인의 지방 참정권의 경우는 현행법상 인정되고 있음
	신분에 의한 제한	▶ 정신적 무능력자의 선거권 박탈 – 피성년후견인(피한정후견인의 경우 ○) ▶ 수형자와 전과자의 선거권 박탈 (1년 미만의 수형자와 집행유예자의 경우에는 선거권 부여)
	연령에 의한 제한	18세 이상으로 하향 조정됨

☑ SUMMARY | 재외국민 참정권

구분	인정 여부
대통령 · 비례대표 국회의원	○
지역구 국회의원	×
지방참정권	×
국민투표	○

✎. 다만, 국내거소가 있는 경우에는 참정권을 모두 가지게 된다.

> **판례 Ⅰ**
>
> 1 재외선거인의 등록신청조항: 합헌 (2009헌마256)
>
> 2 수형자의 선거권 제한: 위헌, 헌법불합치 (2012헌마409)
>
>   심판대상조항은 집행유예자와 수형자에 대하여 전면적·획일적으로 선거권을 제한하고 있다. 범죄자의 선거권을 제한할 필요가 있다 하더라도 그가 저지른 범죄의 경중을 전혀 고려하지 않고 수형자와 집행유예자 모두의 선거권을 제한하는 것은 침해의 최소성원칙에 어긋난다.
>
> 3 선거권 연령은 19세 이상: 기각 (2012헌마174)
>
> 4 선거연령 산정기준일은 선거일을 현재를 기준: 기각 (2018헌마300)

(2) 선거권

① 재외국민에게 선거권을 부정한 것은 위헌이다.

② 만 18세 이상의 국민은 원칙적으로 선거권을 행사할 수 있다.

(3) 피선거권

원칙 (헌법 제24조, 제67조)		헌법은 명문규정으로 대통령의 경우 현재 40세에 달하여야 한다고 규정하고 있음 – 계속, 18세 헌법에 없음
제한	연령	대통령은 선거일 현재 40세 이상의 국민이어야 하며, 기타는 18세 이상이어야 함
	거주요건	대통령은 현재 5년 이상 거주해야 하고, 지자체장 등은 현재 60일 이상 관할구역 안에 주민등록이 되어 있어야 함
	수형자	수형자의 경우 피선거권을 가지기 어려움
	공무원 등	• 공무원의 경우 선거일로부터 90일 전까지 사직해야 함 • 다만, 지자체장의 경우 자기 관할구역이라면 120일 전에 사직해야 함
	정부투자 기관직원	• 임원의 경우에는 합헌, 직원의 경우에는 위헌결정 • 겸직 금지는 모두 합헌

출마 금지	주문
출마 금지	위헌
180일 전 사퇴	위헌
120일 전 사퇴	합헌

(4) 기탁금(공직선거법 제56조, 제57조)

구분	기탁금
대통령선거	3억원
국회의원선거	1천 5백만원
비례대표국회의원선거	5백만원
시·도의회의원선거	3백만원
시·도지사선거	5천만원
자치구·시·군의 장선거	1천만원
자치구·시·군의원선거	2백만원

① **자체의 위헌 여부:** 후보자 난립 방지를 위해 합헌결정하였다.

② **기탁금 과다 여부:** 국회의원 2천만원에 대해서 위헌 결정, 시·도의회의원 기탁금 7백만원에 대해 위헌 결정, 대통령 5억원에 대해서 헌법불합치결정하였다.

③ **국고귀속 여부:** 귀속기준을 20%로 하는 것은 위헌으로 판시하였다.

🔨 판례 |

1 대통령선거 기탁금 5억원: 헌법불합치 (2007헌마1024)

2 비례대표 국회의원선거 기탁금 1천 5백만원 사건: 헌법불합치 (2015헌마1160)

3 대통령선거 예비후보자 100분의 20의 기탁금 납부: 합헌 (2012헌마402)

4 컷 오프가 제외된 예비후보자 기탁금 반환조항: 헌법불합치 (2016헌마541)

구분	요건
기탁금의 반환	• 후보자의 당선 • 후보자의 사망 • 일정수준 이상의 득표 • 유효투표총수의 15% 이상 득표: 전액반환 • 유효투표총수의 10% 이상~15% 미만: 50% 반환 • 비례대표의 경우는 후보자 중 당선인이 있을 때
기탁금의 국고귀속	• 후보자의 사퇴 • 후보자의 등록무효 • 일정수준의 득표미달 • 비례대표의 경우 후보자 중 당선인이 없는 때

2. 평등선거의 원칙

(1) 의의

보통선거의 원칙이 선거권의 유무에 관하여 차별을 금하는 것이라면, 평등선거의 원칙은 선거권의 내용에 관하여 차별을 금하고 있는 것이다. 게리멘더링에 대한 부정과 기회의 균등, 성과가치의 평등을 의미한다.

(2) 선거구획정위원회

설치	중앙선거관리위원회 / 직무상 독립
구성	정당의 당원 제외
명예직	–

✎ 선거구획정위원회의 선거구획정은 존중할 뿐 법적 구속력이 있는 것은 아니다.

판례 |

1 **국회의원의 경우 1 : 2** (2012헌마192)

선거구획정에 가장 중요한 요소는 역시 인구이다. 평균인구수를 기준으로 상하 33% 편차 즉, 인구비례 2:1을 넘게 되면 위헌이라고 보아야 한다. 또한 선거구획정에는 접경지역 없이 분리된 경우에는 특단의 사정을 요한다. 선거구역표는 각 선거구가 유기적으로 관련되어 있는바 일부가 위헌인 경우 전부가 위헌이 된다.

2 **지방의회의원의 경우 1 : 3** (2014헌마166)

가장 중요한 요소인 인구비례의 원칙과 우리나라의 특수사정으로서 시·도의원의 지역대표성 및 인구의 도시집중으로 인한 도시와 농어촌간의 극심한 인구편차 등 3개의 요소를 합리적으로 참작하여 결정되어야 할 것이며, 현시점에서는 상하 50%의 인구편차(상한 인구수와 하한 인구수의 비율은 3:1) 기준을 시·도의원 지역선거구획정에서 헌법상 허용되는 인구편차기준으로 삼는 것이 가장 적절하다고 할 것이다.

3. 직접선거의 원칙

판례 | 비례대표 1인 1표제: 한정위헌 (2000헌마91)

1인 1표제는 국민의 의사를 왜곡시키는 것이다. 1인 1표제하에서는 고정명부식을 채택했는지 여부 또는 저지조항을 어디에 설정했는지와 상관없이 위헌이다. 또한 이는 무소속후보자와도 차별을 가하는 것으로 위헌이다.

4. 비밀선거의 원칙

① 투표성향이 사전에 공개되는 것은 큰 문제가 아니나 선거권자가 자신이 기표한 투표지를 공개하게 되는 경우 투표지는 무효가 된다.
② 출구조사의 경우 공직선거법은 50m로 제한거리를 단축하였다.
③ 여론조사의 경우 선거일 6일 전부터 투표마감시각까지 그 결과를 공표할 수 없다.

5. 자유선거의 원칙

자유선거			강제선거
명문규정(×), but 보통·평등·직접·비밀선거 ➡ 당연히 도출			−
헌법재판소 입장	근거	국민주권원리, 의회민주주의원리, 참정권	
	내용	투표의 자유, 입후보의 자유, 선거운동의 자유 포함	
	허용	• 적극적인 유인책은 허용되나, 의무부과는 허용되지 않음 • 벌금은 물론이고 과태료도 안 됨	

02 선거제도의 유형

국회의원	지역구	소선거구 다수대표제
	비례대표제	100분의 3 이상 또는 5석 이상
지방의원	광역은 소선거구	
	기초지방선거는 중선거구	
	100분의 5 이상 득표한 정당에게 배분	

03 선거제도의 내용

(1) 선거의 유형

총선거	의원의 임기만료로 인해 국회의원 전체를 선출하는 선거
재선거	임기개시 전에 사퇴·사망·피선거권 상실 등의 사유
연기된 선거	천재·지변 기타 부득이한 사유로 인하여 선거를 실시할 수 없거나 실시하지 못한 때 실시하는 선거
보궐선거	임기 중 사망·사퇴 등의 사유로 궐원 또는 궐위가 발생하여 실시하는 선거

(2) 선거일법정과 선거일 공고

대통령선거	임기만료일 전 70일 이후 첫 번째 수요일
국회의원선거	임기만료일 전 50일 이후 첫 번째 수요일
지방선거	임기만료일 전 30일 이후 첫 번째 수요일
보궐선거	4월 중 첫 번째 수요일 / 지자체장 4월, 10월(2번)

(3) 선거기간

대통령선거	23일
기타	14일

⚖️ **판례 |**

국회의원선거의 선거기간 14일: 기각 (2004헌마216)

---

(4) 후보자추천

비례대표	100분의 50 이상을 반드시 여성으로 추천	후보자명부의 순위의 매 홀수에 여성을 추천
지역구	100분의 30 이상을 여성으로 추천하도록 노력	보조금 지급

(5) 선거운동

개념	당선되거나 되게 하거나 되지 못하게 하기 위한 행위	
	선거운동(×)	① 단순 의견개진·의사표시 ② 준비행위 ③ 통상적 정당활동 ④ 정당의 후보자추천에 관한 단순한 지지반대의 의견개진 및 의사표시 ⑤ 투표독려
원칙	누구든지 자유롭게	
제한	시간적 제한	선거기간 개시일부터 선거일 전일까지
	예비후보자	전자우편, 전화, 어깨띠, 문자메시지, 명함 등
	인적 제한 (개별적)	<개인 선거운동 금지> ① 외국인(지방선거운동은 가능) ② 미성년자 ③ 선거권 없는 자 ④ 국가·지방공무원 중 정당가입 금지자
	방법상 제한	• 여론조사결과 공표 금지(선거일 전 6일부터~투표마감시까지) • 출구조사시 투표비밀침해 금지 50m 밖 • 호별방문, 서명운동, 음식물 제공 • 축의금·부의금, 주례행위 금지 • 의정활동보고 제한 – 선거일 전 90일부터 선거일까지 다만, 인터넷을 활용한 의정활동보고는 이 기간에도 허용됨 • 인터넷 언론사 게시판·대화방 등의 실명확인: 위헌 • 전화나 문자 가능 • 기부행위 제한 – 상시 제한

(6) 당선인 결정

유효투표총수의 다수득표	투표일이나 득표율에 상관없이 다수득표자가 당선인이 됨		
후보자가 1인 또는 최고득표자가 2인 이상일 경우		후보자 1인	최고득표자가 2인 이상
	대통령	선거권자 총수의 3분의 1 이상 득표 (투표자 아님)	국회에서 다수득표자
	국회의원	무투표 당선	연장자
	지방의원	무투표 당선	연장자
	자치단체장	무투표 당선	연장자

(7) 선거쟁송

구분	선거소송		당선소송	
	지방선거	대선·총선	지방선거	대선·총선
원고	선거인, 정당, 후보자		정당, 후보자	
피고	당해선관위	당해선관위	당선인, 선관위 (국회의장·법무부장관·고검장)	
기간	소청결정~10일	30일 이내	소청결정~10일	당선결정~30일
제소 법원	고등법원	지방선거(광역단체장·비례의원 제외)		
	대법원	대선·총선, 광역단체장, 광역비례의원		

☑ SUMMARY ｜ 선거제도 비교

구분	대통령	국회의원	지자체장		지방의회	
			광역	기초	광역	기초
선거권	18세 이상		18세 이상, 주민등록(선거인명부 작성기준일 현재)			
피선거권	40세 이상, 5년 이상 국내 거주	18세 이상	18세 이상, 60일 이상 주민등록(선거일 현재)			
선거일	임기만료 전 70일 이후 첫 번째 수요일	임기만료 전 50일 이후 첫 번째 수요일	임기만료 전 30일 이후 첫 번째 수요일			
선거기간	23일	14일	14일			
최고득표자 2인인 경우	국회 재적 과반수, 출석 다수표	연장자	연장자			
후보자 1인인 경우	선거권자 총수 3분의 1	무투표 당선	무투표 당선		무투표 당선	
기탁금	3억원	1천 5백만원	5천만원	1천만원	3백만원	2백만원
출구조사	○	○	○		○	

⚖ 판례 ｜

1 언론인(광범위)의 선거운동 규제: 위헌 (2013헌가1)
  ▶ 명확성의 원칙 위반

2 선거운동기간 중 인터넷게시판 실명확인: 위헌 (2018헌마456)

3 지자체장 선거권은 헌법상 기본권 (2014헌마797)

4 정부투자기관직원의 입후보 전 해임: 한정위헌 (91헌바67)

구분	임원	직원
입후보 제한	○	×
겸직 금지	○	○

5 대통령선거 방송토론회의 후보자초청대상에서의 차별: 기각 (97헌마372 등)

6 단체의 낙선운동은 선거운동: 기각 (2000헌마121 등)

7 국민건강보험공단의 상근직원의 선거운동 금지: 기각 (2002헌마467)

8 공무원의 선거운동 모든 기획참여 금지: 한정위헌 (2006헌마1096)

9 탈법방법에 의한 문서, 도화 등의 선거운동 금지: 합헌 (99헌바92 등)

10 서신에 의한 선거운동 금지: 합헌 (2004헌바49)

11 일반 유권자의 인터넷 사전선거운동 금지: 합헌 (2008헌바169)

12 휴대전화 문자메세지를 이용한 선거운동의 금지: 합헌 (2007헌바24)

13 기부의 권유, 요구에 대한 과태료 50배 부과: 헌법불합치 (2007헌가22)

14 온라인에서 선거운동의 자유(UCC 등): 한정위헌 (2007헌마1001)

15 부재자 투표시간: 헌법불합치 (2010헌마601)
　　① 시작시간 10시: 위헌
　　② 끝나는 시간 4시: 합헌

16 무소속후보자의 경우에만 선거권자의 추천 요구: 기각 (96헌마99)

17 공무원의 지위이용 선거운동 처벌: 합헌 (2018헌바3)

18 사후매수죄: 합헌 (2012헌바47)

19 기초의원선거의 후보자 정당표방 금지: 위헌 (2001헌가4)

20 선거범과 다른 범죄와의 경합시 선거범으로 의제: 헌법불합치 (2013헌바208)

21 배우자가 지정하는 1인까지 가능하여 미혼의 예비후보자가 불리함: 위헌 (2011헌마267)

22 연고가 있는 경우 기부행위의 제한: 합헌 (2013헌바106)

23 한국철도공사 상근직원 선거운동 금지: 위헌 (2015헌마124)

24 공무원의 투표권유운동 및 기부금품 모집금지: 합헌 (2009헌바298)

25 점자형 선거공보 임의사항: 합헌 (2012헌마913)

26 비례대표국회의원 후보자의 경우 공개장소에서의 연설·대담 금지: 합헌 (2012헌마311)

27 후보자기호 결정방법을 정당 의석수 우선으로: 합헌 (96헌마9 등)

28 수화방송이 의무 아닌 것: 합헌 (2006헌마285)

29 실비와 수당을 제외한 일체의 금품제공금지: 합헌 (2013헌바55)

30 세종특별자치시 지방의원선거 미실시: 기각 (2012헌마131)

31 농협이사선거에서 전화컴퓨터통신을 이용한 선거운동 방법까지 제한: 위헌 (2015헌바62)

32 직선제 조합장선거의 선거운동 방법: 합헌 (2016헌바372)
　　《주의》 선거권에서 보호하는 것이 아니라 결사의 자유에서 보호

33 인쇄물 살포를 금지하는 공직선거법 조항: 헌법불합치 (2023헌가4)

34 화환 설치를 금지하는 공직선거법: 헌법불합치 (2023헌가12)

제6절 공무담임권과 공무원제도

01 공무담임권

의의	공직취임권 + 피선거권	
성격	현실적인 권리가 아니고 공무담임권의 기회보장적 성격	
보호영역	취임뿐만 아니라 부당한 박탈도 방지, 특정 보직까지 포함하지 않음	
능력주의	원칙	능력과 적성에 따라 공직에 취임할 권리를 균등하게 보장
	예외	여자와 연소자, 국가유공자 등 합리적 범위 안에서 능력주의가 제한됨

☑ SUMMARY ㅣ 공무담임권 관련 헌법재판소 판례

구분	인정	구분	부정
승진의 균등한 기회	○	현실적 권리	×
기회보장	○	승진 가능성	×
부당한 박탈 금지	○	보수	×
–	–	특정 보직 · 장소	×
–	–	퇴직급여	×
–	–	재해보상	×
–	–	당내경선	×

⚖ 판례 ㅣ

1 **경찰청장 사건: 위헌** (99헌마135)
경찰청장의 경우 모든 공직이 금지되는 것이 아닌바 공무담임권의 침해는 아니나 정당공천을 받지 못하는 바 이는 정당가입의 자유의 침해라고 보았다. 그러나 검찰총장 사건의 경우에는 공무담임권과 정당가입의 자유, 그리고 참정권까지 침해라고 보았다.

2 **공무원 금품수수시 징계시효 3년: 합헌** (2011헌바226)

3 **경찰공무원의 나이 제한 30세: 헌법불합치** (2010헌마278)

4 **5급 공무원 응시연령 32세까지: 헌법불합치** (2007헌마1105)

5 **공무원의 당연퇴직과 임용결격**

구분		주문	
집행유예		합헌	
선고유예	당연퇴직	일반	위헌
		수뢰죄	합헌
	임용결격	합헌	

6 **형사기소된 공무원의 필요적 직위해제: 위헌** (96헌가12)

7 **형사기소된 공무원의 임의적 직위해제: 합헌** (2004헌바12)

8 **경찰대학의 입학연령 21세 미만: 기각** (2007헌마991)

9 면접전형에서 판단은 자유재량 (97누11911)

10 세종특별자치시 의회의원선거 미실시: 기각 (2012헌마131)

11 군인을 전역한 날로부터 3년 이내 군무원으로 특별채용: 합헌 (2015헌마734)

12 부사관의 최고 임용 나이 제한: 기각 (2011헌마414)

13 선거중립의무가 정치활동의 자유보다 우선 (2007헌마700)

14 국방부 보조기관에 근무 기회를 현역군인에게 우선: 합헌 (2005헌마1275)

15 서울교통공사의 직원은 공무의 범위가 아님 (2018헌마174)

16 휴직과 직권 면직도 가능한 피성년후견인 국가공무원 당연퇴직 사건: 위헌 (2020헌가8)

17 아동 성적 학대행위자에 대한 일률적·영구적 공무원 결격사유: 헌법불합치 (2020헌마1181)

18 아동·청소년이용음란물소지죄로 형이 확정된 자에 대한 일률적인 공무원 결격사유: 헌법불합치 (2020헌마1605)

19 관련 자격증 소지자에게 세무직 공개경쟁채용시험에서 가산점 부여: 합헌 (2017헌마1178)

02 공무원제도

(1) 공무원의 개념

공무원이란 직접 또는 간접적으로 국민에 의하여 선출 또는 임용되어 국가나 공공단체와 공법상의 근무관계를 맺고 공공적 업무를 담당하고 있는 자를 말한다.

(2) 공무원의 종류

경력직 공무원		특수경력직 공무원	
일반직	–	정무직	선출·국회동의, 고도정책결정담당·보조
특정직	법관, 검사, 외무, 경찰, 군인, 교원 등	별정직	특정업무 위해 별도 임용
판사, 동장(현재), 헌법연구관		구)예비판사, 연구관보, 구)동장	

(3) 공무원제도의 연혁

제7조 제1항	목적조항	국민 전체의 이익을 위해 불편부당한 직무수행을 할 수 있도록 함
제7조 제2항	수단조항	공무원의 신분과 정치적 중립을 보장
연혁	건국헌법	공무원의 지위와 책임
	3차 개정	공무원 신분과 정치적 중립성 보장(직업공무원제)
	5차 개정	국민 전체의 봉사자(책임 확대·강화)
	현행헌법	국군의 정치적 중립

(4) 직업공무원제도

① **의의**: 신분이 보장되고 정치적 중립성을 갖는 직업공무원으로 하여금 일관성 있는 공무수행을 유지하게 함으로써 안정적이고 능률적인 정책집행을 보장하려는 공직구조를 의미

② **범위**

경력직 공무원(포함○)	특수경력직 공무원(포함×)
공법상 특별관계의 협의의 공무원	정치적(정무직·별정직), 임시직(계약직·고용직)

> ⚖ **판례** ㅣ
>
> 동장의 신분보장 배제: 합헌 (95헌마48)

③ **내용**

신분보장	정권교체의 영향을 받지 아니하고 정당한 이유 없이 해임당하지 아니하는 것을 말한다. 그러나 정부조직의 개폐나 예산의 감소 등에 의하여 폐직이나 과원이 되었을 때에는 직권면직이 가능함
사실상 공무원의 신분보장	• 임용에 하자가 있음에도 불구하고 공무원이 그 지위를 사실상 보유하는 경우 • 신분보장, 요양급여, 특별채용대상에서 제외, 근무경력 불인정 등의 여러 사안에서 거의 인정해주지 않고 있음

☑ **SUMMARY** ㅣ **공무원의 종류**

조문	의미	종류
헌법 제7조 제1항	전체 국민의 봉사자	모든 공무원(목적)
헌법 제7조 제2항	직업공무원제도	경력직 공무원(수단)
공직선거법 제9조	정치적 중립성	모든 공무원에서 국회의원·지방의원 제외

> ⚖ **판례** ㅣ
>
> 1 지방공무원의 직제를 폐지한 경우 직권면직: 합헌 (2002헌바8)
>
> 2 임용결격공무원의 특별채용대상에서 제외: 합헌 (2003헌바4)
>
> 3 당연퇴직공무원의 근무경력 불인정: 합헌 (2003헌바111)
>
> 4 국가안전기획부직원의 계급정년: 합헌 (91헌바15)
>
> 5 해임당한 경우 경찰임용 결격사유: 합헌 (2009헌바122)
>
> 6 별도의 배임행위가 있는지를 불문하고 금융기관 임직원을 처벌: 합헌 (98헌바26)
>
> | 뇌물액 | 징역 | 주문 |
> |---|---|---|
> | 5천만원 이상 | 10년 이상 | 위헌 |
> | | 7년 이상 | 합헌 |
> | 1억원 이상 | 10년 이상 | 합헌 |
>
> 7 지방자치단체장을 위한 퇴직급여 제도를 마련할 입법적 의무가 도출되지 않는다(2012헌마459).

제7절 지방자치제도

01 본질 및 유형

(1) 일정 지역 단위, 주민이 선출한 기관 ➡ 지방사무를 직접 처리한다.

(2) 폐치·분합 및 구역변경은 법률로, 관할구역 경계구역 변경은 대통령령으로 한다.

(3) 헌법에 따르면 의회는 반드시 두어야 하며, 선거해야 한다. 다만, 지자체장은 임명도 가능하다. 또한 지자체의 종류는 헌법에 규정되지 않아 이는 현행처럼 중층구조로 해도 되고, 단층구조로 변경해도 된다.

(4) 불문법상 해상경계선은 존재하지 않고 종합적으로 판단한다.

02 우리나라 지방자치제도의 연혁

제4공화국	헌법 부칙	지방의회 ➡ 통일시까지 유예
제5공화국	헌법 부칙	• 지방의회 ➡ 재정자립도 감안, 순차적 실시 • 시기 – 법률로 정함

03 지방자치단체의 사무

구분	고유사무	기관위임사무
근거	헌법 제117조 제1항, 지방자치법 제9조 제1항	지방자치법 제102조 국가위임사무 집행권
개념	단체권한 고유사무	국가·상급기관 위임사무
국가감독	사후 합법성	사전·사후 합목적성
경비부담	자치단체	위임기관
국정감사	×	○
조례제정	○	×

04 지방자치단체의 기관

(1) 지방의회 - 조례 제정

법적 근거	법령의 범위 안에서 사무관련 조례 제정 가능	
	법령의 의미	이 경우 법률은 물론이고, 법규명령도 포함
조례와 법률과의 관계	법률선점 이론	조례가 법률과 동일한 목적을 가진 경우 법률의 규제기준 이상의 엄격한 기준을 두어 규제하는 것은 법률에 이를 허용한다는 규정이 없는 이상 허용될 수 없다는 견해임
	수정법률 선점이론	최대한 규제입법의 경우, 즉 법률이 전국적으로 일률적 기준을 두어 평등한 규제를 실시하고자 하는 경우에는 엄격한 기준을 두어 규제하는 것은 허용될 수 없으나 최소규제입법의 경우에는 지자체가 그 영역의 특수한 사정을 고려할 필요가 인정될 경우 더욱 엄격하게 규제하는 것이 허용됨
대상사무	법령의 범위 안	자치사무, 단체위임사무(기관위임사무×)(다만, 위임조례는 가능)
	법령의 위임 (위임조례)	포괄위임의 허용 · 주민의 권리 · 의무 관련
		구체적 · 기관위임조례, 형벌법규

> ### 🔨 판례 ㅣ
>
> **1 법률에 근거 없는 청주시 행정정보공개조례안: 적법** (92추17)
>
> **2 법률에 근거 없는 차고지확보제도 조례안: 위법** (96추251)
>
> **3 정선군 세 자녀 이상 세대 양육비 등 지원에 관한 조례안** (2006추38)
> 저출산 · 고령화사회기본법의 목적과 입법취지 및 지방자치단체로 하여금 지역실정에 부합하는 저출산 · 고령화정책을 수립 · 시행하도록 한 점 등 그 규정 내용에 비추어 볼 때, 이 사건 조례안은 저출산 · 고령화사회기본법에 위배된다고 할 수 없다.
>
> **4 조례의 의한 과세면제 사건** (96헌바62)
> 과세면제의 경우 내무부장관의 허가를 얻도록 한 것은 권한의 남용 여부를 심사하고 나아가 전체적인 지방세법 체계와 조화를 유지할 수 있도록 하기 위한 제도적 장치이다.
>
> **5 일부 위반시 전부 위법** (92추31)
> 일부만이 위법한 경우에도 대법원은 의결 전부의 효력을 부인할 수밖에 없다.

(2) 지방자치단체의 장의 권한

선임	반드시 선거해야 하는 것이 아닌 임명직이어도 가능
규칙제정권	법령 · 조례위임
재의요구사유	• 일부거부나 수정거부는 안 됨 • 월권, 법령 위반, 공익의 현저한 위배 • 예산상 집행할 수 없는 경비 포함 • 필요경비의 삭감, 감독청의 요구

판례 |

1 지방자치단체장의 권한대행

구분	원활한 직무수행	권한대행
구금	×	○
선고	○	×

2 지자체장 계속 재임 3기 제한 (2005헌마403)

장기집권 과정에서 형성된 사조직이나 파벌 등이 엽관제적 인사로 연결되어 공무원의 사기 저하, 부정부패와 낭비적인 지방행정 등이 이루어질 소지가 높아 기각 판단하였다.

3 통합창원 시장: 각하 (2010헌마167)

폐지되는 지방자치단체장으로 재임한 것까지 포함시킬지 여부는 입법재량에 달려 있다.

05 지방자치단체에 대한 국가의 관여

(1) 행정적 관여

명령·처분의 시정명령 및 취소·정지	자치사무에 대해 위법한 경우
직무이행명령	기관위임사무에 대해 관리, 집행을 명백히 게을리 한 경우
재의요구명령·제소지시	• 위법 부당한 경우 재의요구 • 법령 위반된 경우 직접 제소까지

(2) 사법적 관여

	지방의회의 의결
재의요구	월권, 법령위반, 공익의 현저한 침해, 예산상 집행할 수 없는 경비, 필요경비의 삭감, 감동청의 요청
대법원에 제소	법령 위반
지자체장	상급장의 명령 등에 이의가 있으면 대법원에 제소 가능

판례 |

1 주민투표권의 성격: 각하 (2000헌마735)

주민투표권은 법률이 보장하는 참정권이라고 할 수 있을지언정 헌법이 보장하는 참정권이라고 할 수는 없다.

2 주민소환의 사유: 기각 (2007헌마843)

소환사유를 구체적으로 적시하기 힘들다. 투표권자 총수의 3분의 1 이상의 투표는 낮다고 볼 수 없다.

3 지방자치단체의 폐치·병합과 주민의 기본권 침해: 기각 (94헌마175)

① 지방자치단체의 폐치·병합 또한 주민의 기본권과 관련이 있는 것인바 본안판단하였다.

② 자치제도의 보장은 지방자치단체에 의한 자치행정을 일반적으로 보장한다는 것뿐이고 특정 자치단체의 존속을 보장한다는 것은 아니다.

4 경상북도의회에서 증언·감정 등에 관해 예외 없이 증언해야 함: 위법 (93추83)

5 **교육위원 및 교육감의 선출을 간선제로: 기각** (2000헌마283 등)

교육위원 및 교육감을 학교운영위원으로 구성된 선거인단에서 선출하는 것은 교육의 자주성과 전문성을 담보할 수 있는 적격자를 선출하는 것으로 기각이다.

6 **지방자치단체의 영토고권: 각하** (2003헌라2)

지방자치단체의 영토고권은 우리나라 헌법과 법률상 인정되지 아니한다.

7 **공유수면에 대한 자치권한 존재** (2010헌라2)

8 **기관위임사무에 관한 조례제정** (99추30)

기관위임사무에 있어서도 그에 관한 개별법령에서 일정한 사항을 조례로 정하도록 위임하고 있는 경우에는 지방자치단체의 자치조례 제정권과 무관하게 위임조례를 정할 수 있다.

9 **지자체 자치사무에 대한 감사원 감사는 합목적성 · 포괄감사도 가능: 기각** (2005헌라3)

10 **중앙행정기관의 지방자치단체 사무에 대한 포괄감사: 권한침해** (2006헌라6)

11 **제주특별자치도에 관한 권한쟁의: 각하** (2005헌라5)

주민투표 실시요구를 하지 않은 상태에서 청구인들에게 실시권한이 발생하였다고 볼 수는 없다.

12 **지방의회 직원 임용권을 장에게 부여: 합헌** (2012헌바216)

▶ 현재는 법이 개정되어 직원 임용권은 지방의회 의장에게 있다.

13 **남양주시 자치사무 감사에 관한 권한쟁의 사건: 인용** (2020헌라5)

① 중앙행정기관의 지방자치단체의 자치사무에 대한 감사권은 사전적 · 일반적인 포괄감사권이 아니라(이는 감사원 정도만 가능) 그 대상과 범위가 한정적인 제한된, 즉 그 감사대상이 특정되어야 한다.

▶ 다만, 관련성이 인정되는 경우 확장 내지 추가 허용

② 통보해야 한다는 명시적 규정이 없어 사전에 통보를 감사개시요건을 볼 수 없다.

제6장 청구권적 기본권

제1절 서론

01 의의 및 성격

의의	기본권 침해시 국가에 대해 일정한 행위를 청구할 수 있는 권리
성격	헌법규정에서 식섭 효력, 그러나 법률로 구체화할 필요

02 주체

구분	외국인	법인	국민
형사보상청구권	평등주의	부정	긍정
국가배상청구권	상호주의	긍정	긍정
범죄피해자구조청구권	상호주의	부정	긍정

제2절 청원권

01 근거법률 비교(청원 불수리)

청원법	• 국가기밀 • 이미 구제절차가 진행 중인 경우 • 허위의 사실로 형사처분 또는 징계처분을 받게 하는 경우 • 또는 국가기관 등을 중상모략하는 경우 • 개인의 사생활에 관한 내용인 때 • 불명확한 때
국회법	재판에 간섭하거나 국가기관을 모독하는 내용의 청원
지방자치법	재판에 간섭하거나 법령에 위배되는 내용

02 서론

대상		• 공권력 관련 이해관계 • 단순 의견개진, 희망 등
기능		• 비사법적 · 정치적 권리구제수단 • 직접민주주의적 기능(대의제 결함 보완)
성격	자유권적	• 청원 방해 금지 • 불이익 처분 금지 • 단체 서명운동 방해 금지
	청구권적	• 청원의 수리 · 심사 요구권 • 처리결과 통지요구권 • 이유명시 · 구체적 조치요구권(×)
주체	원칙적	국민, 외국인, 법인 누구나
	제한	공무원 · 군인 · 수형자 – 직무 관련(×), 집단청원(×)

03 내용

청원 대상	청원법		○	금지사항	반려사안	불수리사항

			1. 피해의 구제
			2. 공무원 비위에 대한
			   시정, 징계, 처벌
			3. 법률 · 명령 · 조례 · 규칙
			   등의 제정 · 개정 · 폐지
			4. 공공제도 · 시설의
			   운영 관련
			5. 기타 공권력 관련
				모해 금지	이중청원	근거법률
						비교 참조

절차	청원형식	청원서	청원인 성명(법인명 · 대표자명), 직업, 주소 · 거소, 서명날인			
		전자문서	온라인청원시스템을 통해서도 가능			
	접수	주관관서	• 처분관서(처분요구 · 처분시정요구시) • 행정안전부장관(관서 불명확시)			
		국회	의원소개 필요 + 일정 수 이상의 국민의 동의			
	이송	접수관서	자체 판단 ➡ 주관관서로 이송			
		국회	정부처리사항 ➡ 정부로 이송(의견서 첨부)			
	처리	정부	• 정부정책 관련 ➡ 국무회의 심의 • 국회 이송 사항 ➡ 국회 통보 • 처리결과 ➡ 청원인 통지(이유부기 ×, 구속력 ×)			
	통지		90일 이내 통지가 원칙, 60일 연장 가능			
	공개청원		• 공개청원은 접수한 때부터 15일 이내 공개 여부를 결정 • 공개청원의 경우 30일간 국민의 의견 수렴			
효과			청원을 이유로 차별 · 불이익 강요(×)			

1 청원에 대한 회신은 공권력 아님: 각하 (99헌마458)

2 국회청원시 의원의 소개절차 필수: 기각 (2005헌마604)

3 지방의회청원시 의원의 소개절차 필수: 기각 (97헌마54)

4 교도소 수형자의 청원을 검열: 기각 (99헌마713)

5 이중청원에 대한 국가의 의무: 각하 (2003헌마851)

6 청원결과통지에 대한 헌법소원 안 됨: 각하 (2003헌마898)

7 일정한 기간 동안 일정 수 이상의 국민의 동의를 요구하는 국회법: 합헌 (2018헌마460)

제3절 재판청구권

01 의의

모든 국민은 헌법과 법률이 정한 법관에 의하여 법률에 의한 재판을 받을 권리를 가진다.

02 내용

헌법과 법률	합헌적인 실체법과 절차법에 따른 재판		
재판	① 대법원의 재판을 받을 권리(×) – 모든 사건에 대해 대법원의 재판을 받을 권리가 보장되는 것은 아니다. ② 헌법재판을 받을 권리(×) – 공정한 재판 받을 권리에 민사재판, 헌법재판도 포함되지만 꼭 독립된 헌법기관에 의하여 헌법재판을 받을 권리가 보장되는 것은 아니다. ③ 군사법원의 재판을 받지 아니할 권리		
	구분	**평시**	**비상계엄시**
	군인 · 군무원	3심제	단심(사형 제외)
	일반인	중대한 군사상 기밀 · 초병 · 초소 · 유독음식물 공급 · 포로 · 군용물에 관한 죄 중 법률이 정한 경우 – 3심제	• 원칙 – 3심제 • 예외 – 단심제 • 군사에 관한 간첩죄의 경우와 초병 · 초소 · 유독음식물 공급 · 포로에 관한 죄 중 법률이 정한 경우(사형 제외)
	④ 신속한 재판을 받을 권리 – 명문으로 규정되어 있으나, 구체적인 입법형성이 필요함 ⑤ 공개, 공정한 재판을 받을 권리 – 공정(헌법×)		
법관	인적 독립과 물적 독립이 보장된 법관을 의미함		

▶ 국민의 형사재판 참여에 관한 법률

구분	내용
대상사건	열거(합의부 사건), 피해자·피고인의 의사에 반하여 하지 아니함
배심원의 권한, 의무	사실의 인정, 법령의 적용 및 형의 양정에 관한 의견을 제시함
제외사유	변호사, 법관, 검사, 경찰, 군인 등의 경우
증거능력 판단 배제	법원의 증거능력에 관한 심리에 관여할 수 없음
평결	전원일치가 원칙, 이후 다수결로 이행
기속	평결과 의견은 법원을 기속하지 않음
기재사항	다른 판결을 선고하는 때에는 판결서에 이유를 기재

> ⚖️ 판례 |
>
> 1 국민참여재판 배제결정 사건: 합헌 (2012헌바298)
>
> 2 배심원의 나이 20세: 합헌 (2019헌가19)

03 재판절차진술권

법률상 불이익을 받는 사람이라면 진술권이 인정된다. 따라서 범죄피해자보다 넓은 개념이다.

04 문제되는 경우

군사재판	심판관이 장교 중에서 임명되나 헌법상 근거가 있는바 허용됨	
즉결심판	정식재판 청구가 가능	
행정심판	전심절차	최종심이 아닌 단순 전심절차로 기능해야 함
	임의적	필요적인지 임의적인지는 입법재량이며, 현재 원칙적 임의
	필요적	도로교통법, 교원징계, 배상결정 등의 경우 사법절차가 준용되어야 함
통고처분	임의의 승복을 전제하며 불복시 재판청구권이 보장된다. 따라서 합헌	

> ⚖️ 판례 |
>
> 1 범죄인인도심사의 전속관할은 서울 고등법원: 합헌 (2001헌바95)
>
> 2 특허심판의 사실심은 특허청에서 종결: 헌법불합치 (92헌가11)
>
> 3 법관징계는 곧바로 대법원으로: 합헌 (2009헌바34)
>
> 4 지방세 불복시 이중의 필요적 행정심판절차: 위헌 (2000헌바30)
>
> 5 변호인의 반대신문이 보장된 피고인 퇴정 후 증인신문: 합헌 (2009헌바57)
>
> 6 국가보안법상의 경미한 경우까지 구속기간 연장: 위헌 (90헌마82)
>
> 7 군사법원법상 구속기간연장: 위헌 (2002헌마193)

8 국가정보원 직원의 증언시 모두 국정원장의 허가 필요: 헌법불합치 (2001헌가28)

9 소송기록이 필요적으로 검사를 거치게 하여 재판지연: 위헌 (92헌마44)

10 법원의 증거신청의 채부는 자유재량: 합헌 (2002헌바46)

11 소송지연목적의 기피신청에 대한 기각결정: 합헌 (2005헌바58)

12 불이익변경 금지: 합헌 (2004헌가27 등)

13 교원징계재심위원회의 재심결정에 대한 당사자인 학교법인의 불복 금지: 위헌 (2005헌가7 등)

14 검사작성 피의자신문조서의 증거능력: 합헌 (93헌바45)

15 패소할 것이 명백한 경우 소송구조의 거부: 합헌 (99헌바74)

16 심리불속행제도에 의한 상고 제한: 합헌 (97헌바37 등)

17 출정비용납부거부를 이유로 출정을 제한: 인용 (2010헌마475)

18 형사 미성년자의 책임조각: 기각 (220헌마533)

19 변호사보수는 패소한 당사자의 부담: 합헌 (2001헌바20)

20 민사소송의 인지대: 합헌 (93헌바57)

21 형사피고인의 구속재판기간의 제한: 합헌 (99헌가14)

22 증인신문사항 제출의 불이행과 증거결정의 취소: 합헌 (94헌바46)

23 전투용에 공하는 시설손괴시 군사재판: 위헌 (2012헌가10)

24 아청법상 성폭력피해아동의 진술은 영상녹화물로 대체: 합헌 (2011헌바108)

25 성폭법상 피고인의 반대심문권을 보장하지 않는 것: 위헌 (2018헌바524)

26 선거일 후 행해진 범죄의 공소시효 기산일은 다르게 규정: 합헌 (2012헌바383)

27 재심사유에서 '명백한'과 새로 발견된 때: 합헌 (2012헌바277)

28 학교안전공제회는 불복불가: 위헌 (2014헌가7)

29 법원 직권에 따른 소송비용 담보제공명령: 합헌 (2014헌마366)

30 치료감호 청구권자를 검사에 한정: 합헌 (2008헌마622)

31 인신보호법상 즉시 항고제기기간 3일: 위헌 (2013헌가21)

32 재정신청에서 구두변론 실시 여부를 법관재량으로: 합헌 (2016헌마1043)

33 계엄 해제 후 1개월간 군사법원의 관할권 연장은 헌법에 위배되지 않는다(81도1045).

34 교원소청심사결정에 대한 공공단체(총장)의 행정소송 제소권한 부인: 합헌 (2019헌바117)

35 친족상도례: 헌법불합치 (2020헌마468)
   친족의 범위를 줄일 필요가 있으며, 범죄의 종류도 축소할 필요가 있고, 처벌의 의사표시를 소추조건으로 하는 등 다양한 선택가능성이 존재한다.

6강

제4절 국가배상청구권

01 의의

공무원의 직무상 불법행위로 손해를 받은 국민은 법률이 정하는 바에 의하여 국가 또는 공공단체에 정당한 배상을 청구할 수 있다. 이 경우 공무원 자신의 책임은 면제되지 아니한다. 민사소송절차에 의한다.

02 요건

공무원	사실상 공무를 위탁받아 실질적으로 공무를 수행하는 자까지 포함		
	인정		부정
	집달관		의용소방대원
	철도건널목 간수		시영버스 운전수
	향토예비군		-
	파출소 방범원		-
직무	광의설(판례)	권력작용과 관리작용	
	판단기준은 객관설(외형이론)이 통설, 판례		
불법행위	• 법령해석에 있어서 학설, 판례가 귀일되어 있다면 몰랐다고 하더라도 책임을 짐 • 그러나 귀일되지 않은 경우는 과실이 있다고 볼 수 없음 • 고의 또는 과실은 성립요건으로 예외 인정 안 됨		
손해발생	• 물질·정신 불문 • 재산적 손해는 재산가치의 전보로 충분, 생명·신체의 경우는 위자료		

03 이중배상금지

제한	헌법은 군인과 군무원 등은 이중배상을 금지하고 있음(헌법 제29조 제2항)	
요건	원칙	기본적으로 국가배상청구권 요건을 충족
	보상	다른 법령에 의한 별도의 보상을 받을 수 있는 경우
	피해자	• 전투, 훈련 등 직무집행과 관련하여 전사순직 또는 공상을 입은 경우 • 최근 판례는 일반적인 직무수행의 경우에도 이중배상금지로 봄
효과	대법원	절대적 소멸(군인 ×, 일반인 ×)
	헌법재판소	상대적 소멸(군인 ×, 일반인 ○)
적용범위	전투경찰순경(○), 경비교도대원(×), 공익근무요원(×)	

> **판례 |**
>
> 1 교통할아버지의 교통정리 (98다39060) – 국가배상 인정
>
> 2 헌법재판소의 실수로 인한 각하결정은 국가배상 인정 (99다24218)
>
> 3 중립적이지 않은 배상심의회의 배상결정의 효력: 위헌 (91헌가7)
>
> 4 특수임무수행자 보상심의위원회의 결정: 합헌 (2006헌마1322)
>
> 5 민법상 소멸시효의 적용: 합헌 (96헌바24)
>
> 6 고의 또는 과실은 성립요건으로 예외 인정 안 됨 (2016헌바55)
>
> 7 5 · 18 민주항쟁의 경우 정신적 손해 불포함시 국가배상청구권 침해 (2019헌가17)
>
> 8 부마항쟁의 경우에는 생명 · 신체의 손상에만 국가배상 허용: 합헌 (2016헌마418)
>
> 9 집단학살등 반인권 범죄의 경우 소멸시효의 예외 인정 가능 (2014헌바148 등)
>
> 10 향토예비군대원의 국가이중배상금지: 합헌 (94헌마20)
>   향토예비군대원의 경우도 이중배상금지대상자에 해당한다.
>   ▶ 전투경찰의 경우는 경찰이지만, 경비교도대원과 공익근무요원은 군인이 아니다.

제5절 형사보상청구권

01 형사보상청구권과 국가배상청구권의 비교

형사보상청구권	무과실손실보상	외국인 보장	법인 부정	인간의 권리	프랑크푸르트
국가배상청구권	과실손해배상	상호주의	법인 긍정	국민의 권리	바이마르

02 형사피고인 보상과 형사피의자 보상

구분		형사피고인 보상	형사피의자 보상
성립 요건	적극적 요건	• 형사피고인으로서 구금되었던 자일 것 • 무죄판결을 받았을 것	• 형사피의자로서 구금되었을 것 • 법률이 정하는 불기소처분 또는 불송치결정을 받았을 것
	소극적 요건	• 형사미성년자 또는 심신상실의 사유에 의한 무죄재판 • 수사 또는 심판을 그르칠 목적으로 허위의 자백 등으로 인한 유죄재판 • 경합범에서 일부무죄 · 일부유죄재판	• 수사 또는 재판을 그르칠 목적으로 허위의 자백 등을 한 경우 • 다른 사실에 관하여 범죄가 성립한 경우 • 보상을 하는 것이 선량한 풍속 기타 사회질서에 반한다고 인정되는 경우
내용		• 최저임금액 이상 • 벌금 또는 과료의 집행에 법정이율에 의한 금액 가산 • 사형은 보상금 외에 3천만원 이내 가산 보상 • 노역장 유치에 준용 • 손해배상청구 가능 / 다만, 보상금의 액수를 빼고 정함	
절차	청구 절차	• 무죄판결이 확정된 사실을 안 날로부터 3년 • 무죄재판이 확정된 때부터 5년 이내 ➜ 무죄판결을 한 법원에 청구 ➜ 법원합의부에서 재판	불기소처분의 고지 · 통지받은 후 3년 이내 ➜ 불기소처분을 한 검사가 소속하는 지방검찰청의 피의자보상심의회에 청구 ➜ 보상심의회의 결정
	불복 절차	• 법원의 보상결정 ➜ 즉시항고 가능 • 청구기각 결정 ➜ 즉시항고 가능	• 보상결정, 기각결정 불문하고 불복 가능 • 법무부장관의 재결 ➜ 행정소송 제기
	시효	2년	2년
무죄재판 게재		무죄재판을 받은 경우 무죄재판을 게재청구할 수 있고 이 경우 1개월 이내에 법무부 홈페이지에 1년 동안 게재	

✎. 면소나 공소기각의 경우에도 무죄재판을 받을 상황이었다면 형사보상청구가 가능하다. / 최근 불송치도 형사보상 가능하다.

⚖️ 판례 Ⅰ

1 형사보상청구의 제척기간 1년: 헌법불합치 (2008헌가4)

2 형사소송법상 비용보상청구권의 제척기간은 6개월로 제한: 합헌 (2014헌바408 등)
   ▶ 현재는 안 날부터 3년, 무죄판결이 확정된 때부터 5년 이내

3 군사법원법상 비용보상청구권의 6개월의 제척기간: 위헌 (2020헌바252)

4 형사보상결정에 대한 불복금지: 위헌 (2008헌마514 등)

5 초과 구금에 대한 형사보상을 규정하지 않은 형사보상법: 헌법불합치 (2018헌마998)

6 잘못된 보호조치의 경우 형사보상 여부: 각하 (2020헌바475등)

제6절 범죄피해자구조청구권

		범죄피해자 보호법
정의		"구조대상 범죄피해"란 대한민국의 영역 안에서 또는 대한민국의 영역 밖에 있는 대한민국의 선박이나 항공기 안에서 행하여진 사람의 생명 또는 신체를 해치는 죄에 해당하는 행위(형법 제9조, 제10조 제1항, 제12조, 제22조 제1항에 따라 처벌되지 아니하는 행위를 포함하며, 같은 법 제20조 또는 제21조 제1항에 따라 처벌되지 아니하는 행위 및 과실에 의한 행위는 제외한다)로 인하여 사망하거나 장해 또는 중상해(재산×)를 입은 것을 말한다.
요건	적극	타인의 범죄행위로 인한 피해의 발생 + 배상 못 받은 경우
	소극	1. 부부(사실상의 혼인관계를 포함한다) 2. 직계혈족 3. 4촌 이내의 친족 4. 동거친족
내용		• 유족구조금 + 장해구조금, 일시금으로 지급 • 손해배상 청구 가능 / 다만, 구조금의 액수를 빼고 정함
유족의 범위		1. 배우자(사실상 혼인관계를 포함한다) 및 구조피해자의 사망 당시 구조피해자의 수입으로 생계를 유지하고 있는 구조피해자의 자녀 2. 구조피해자의 사망 당시 구조피해자의 수입으로 생계를 유지하고 있는 구조피해자의 부모, 손자·손녀, 조부모 및 형제자매 3. 제1호 및 제2호에 해당하지 아니하는 구조피해자의 자녀, 부모, 손자·손녀, 조부모 및 형제자매
절차		범죄피해자심의회에 청구(발생을 안 날로 3년, 발생한 날로 10년) - 구조결정
시효		구조결정이 송달된 날로부터 2년

✎ 형사피해자는 범죄피해자보다 넓은 개념(헌법소원 부분에서 상세 설명)

⚖ 판례 Ⅰ

해외에서 발생한 범죄 제외: 기각 (2009헌마354)

제7장 사회적 기본권

제1절 인간다운 생활을 할 권리

개념		인간의 존엄성에 상응하는 급부를 국가에 청구할 수 있는 권리	
보호범위	다수설	물질적 + 문화적 최저생활(국민기초생활 보장법)	
	헌법재판소	물질적 최저생활	
주체		국민	
내용	사회보장 수급권	• 추상적 권리: 헌법상 직접 도출(×) • 구체적 법률에 의해 인정되는 권리	
		공적 부조	사회보험
		자기 기여 무관, 국가 ➡ 생활능력 없는 자의 최저생활급부 제공	국민 스스로의 기여 ➡ 생활위험에 대비
		사회보장기본법, 국민기초생활 보장법	국민건강보험법, 고용보험법
제한		국가안전보장, 국가재정능력 등	

⚖ 판례 |

1 산재보험수급권은 법률적 차원의 권리: 합헌 (2002헌바51)

2 60세 이상 국민연금 가입 제한: 기각 (2000헌마390)

3 인간다운 생활을 할 권리의 성격 (94헌마33)

이는 입법부나 행정부에 대하여는 행위규범으로 작용하지만 헌법재판에 있어서는 통제규범으로 작용된다.

4 휴직자의 경우에도 보험료 부과: 기각 (2001헌마699)

5 공무원유족연금의 수급대상에서 18세 이상의 자를 제외: 기각 (97헌마333)

6 사회보험과 사보험의 차이 (99헌마289)

사보험은 경제적 관점이 사회보험에서는 사회정책적 관점이 우선하며, 보험료산정에 있어서 사보험은 보험위험에 따라 사회보험은 소득에 비례해서 보험료가 산정된다. 사회보험은 보험의 원칙과 사회연대의 원칙이 기본원리인데 특히 사회연대의 원칙은 개별적 등가성의 원칙에 수정을 가하는 원리여서 소득재분배를 정당화하는 근거이다.

7 군인연금법에 의한 퇴역연금의 전부 지급정지: 한정위헌 (92헌가9)

내용	주문
2분의 1 이상 정지	위헌
대통령령 · 부령	위헌
이체	합헌

8 직무상 의무와 관련이 없는 범죄의 경우도 퇴직급여 제한: 헌법불합치 (2005헌바33)

범죄		주문
퇴직 후		위헌
직무관련성 ×	원칙	위헌
	고의	합헌
명예퇴직		합헌

9 '직무와 관련 없는 과실로 인한 경우' 및 '소속상관의 정당한 직무상의 명령에 따르다가 과실로 인한 경우'를 제외하고 퇴직금의 감액처분: 합헌 (2010헌가89)

　즉, 고의의 경우에는 감액 가능

10 공무원연금의 보수연동에서 물가연동으로의 전환: 합헌 (2004헌바42)

11 지역의료보험조합과 직장의료보험조합의 통합: 기각 (99헌마289)

12 여러 종류의 수급권 발생시 중복지급 배제: 합헌 (97헌마190)

13 양로시설에 입소한 국가유공자의 연금지급금지: 기각 (98헌마216)

14 비장애인과 동일한 장애인의 2002년도 최저생계비 고시: 기각 (2002헌마328)

15 저상버스도입의무 불이행: 각하 (2002헌마52)

16 업무상 재해의 입증책임은 근로자: 합헌 (2014헌바269)

17 임시수용시설의 미실시: 기각 (2011헌바396)

　인간다운 생활을 할 권리와는 관련이 없다.

18 외국거주 외국인유족의 퇴직공제금 수급 자격 불인정: 위헌 (2020헌바471)

제2절 교육을 받을 권리

01 의의

모든 국민이 능력에 따라 균등하게 교육을 받을 권리를 말한다.

02 주체

국민에게만 보장되며, 외국인에게 보장되지 않는다. 또한 성질상 법인도 제외된다.

03 내용

능력에 따라		일신전속적인 재능을 의미한다.	
균등하게		장애인이나 경제적 능력이 부족한 경우도 균등하게	
교육	의미	무상의 의무교육을 의미한다.	
	주체	아동이 주체이나 부모의 역할이 중요하다.	
	연한	초등교육과 법률이 정하는 교육을 의미한다.	
	범위	**무상교육**	**사례**
		인정	수업료, 입학금, 인건비, 시설유지비, 신규시설투자비
		부정	급식, 사립유치원 인건비

04 제도보장

	자주성 · 중립성 · 전문성
교육제도 법정주의	제도법정주의, 재정법정주의
	지위 – (교수재임용제)

05 교육할 권리

주체		국정교과서 사건
자녀교육권	근거	명시적 규정은 없으나 제36조 제1항
	특성	부모의 자기결정권이 아니라 자녀의 보호와 인격발현을 위한 권리
	내용	학교선택권, 집단적 교육참여권, 과외권, 정보청구권
교육의 자유	기본권성	국정교과서 사건
	내용	수업활동과 내용 및 방법을 자유롭게 형성
	제한	수업권은 수학권보다 우선할 수 없음

⚖️ **판례 |**

1 **의무교육취학연령 만 6세 사건: 기각** (93헌마192)

2 **전문대학 미졸업자의 편입 불허: 기각** (2010헌마144)

3 **사립유치원의 교사 인건비 부담 배제: 각하** (2004헌마13)

4 **중학교 의무교육의 단계적 실시: 합헌** (90헌가27)

5 **검정고시 합격했던 자는 응시 제한: 인용** (2010헌마139)

6 **과외의 원칙적 금지: 위헌** (98헌가16 등)
   학교교육의 범주 내에서는 국가와 부모가 함께 교육을 담당하지만 학교 밖에서는 원칙적으로 부모의 교육권이 우선된다. 사안은 사교육을 억제함으로써 교육에서의 평등을 실현하려 하나 이는 원칙과 예외가 전도된 방식으로 위헌적인 규정이다.

7 초등학교 영어교육 미실시: **합헌** (2013헌마838)

8 등록금 심사위원회의 심사 · 의결: **합헌** (2013헌마692)

9 교육대학교 등 수시모집 입시요강: **인용** (2016헌마649)

　교육대학교 등 11개 대학교의 '2017학년도 신입생 수시모집 입시요강'이 검정고시로 고등학교 졸업학력을 취득한 사람들의 수시모집 지원을 제한하는 것은 교육을 받을 권리를 침해한다.

　▶ 직업의 자유는 별도로 판단하지 않음

10 한자교육을 선택적으로 받도록 한 것: **합헌** (2012헌마854)

11 EBS 수능시험연계: **합헌** (2017헌마691)

　▶ 인격의 자유로운 발현권 ○ / 교육권 ×, 교육받을 권리 ×

12 국정교과서제도: **기각** (89헌마88)

　교사의 수업권이 국민의 수학권보다 우선될 수는 없으며 언론출판의 자유가 보장된다 할지라도 자신의 저서를 교과서로 채택해줄 것까지 요구할 수는 없다.

13 수업을 거부할 자유는 어떠한 경우에도 인정되지 아니한다(2005다25298).

14 대학모집정원미달과 불합격처분은 적법 (83누193)

15 교원 재임용의 심사요소는 재량적으로 판단 가능: **합헌** (2012헌바336)

16 교수재임용제: **헌법불합치** (2000헌바26)

　이는 교수재임용제 자체가 위헌인 것이 아니라 재임용이 안 된 경우 이를 다툴 수 있는 제도적 장치를 전혀 마련하고 있지 않은 바 헌법불합치되었다.

17 외교관 자녀에 대한 입학은 추가 합격으로 (98누8255)

18 교육감 및 교육위원 간선으로 선출: **기각** (2000헌마283 등)

19 교육위원의 경우 선거운동 제한: **합헌** (99헌바113)

20 초 · 중등학교 교원의 교육위원 겸직 금지: **기각** (91헌마69)

21 거주지 기준으로 학교 강제 배정: **기각** (91헌마204)

22 학교운영위원회의 의무설치: **기각** (2000헌마278)

23 학원의 교습시간 10시로 제한: **기각** (2008헌마635)

24 표준어규정으로 교과용도서를 제작: **기각** (2006헌마618)

25 자퇴 후 검정고시 6개월 제한: **기각** (2007헌마1456)

26 학교운영비 납부: **위헌** (2010헌바220) – 즉, 무상으로

27 유아를 대상으로 교습하는 학원을 학교교과 교습학원으로 분류: **기각** (2011헌바227)

28 사립유치원의 교비회계업무를 정보처리장치로 처리: **기각** (2019헌마542)

29 자사고를 후기학교로 규정하고 중복지원을 금지: **위헌** (2018헌마221)

　후기동시선발조항은 합헌이나 낙방자에 대한 미대책은 위헌이다(엄격한 심사기준을 적용).

30 혐오표현을 금지하는 서울특별시 학생인권조례: **기각** (2017헌마1356)

31 급식은 의무교육의 내용 아님: **합헌** (2010헌바164)

32 헌법을 필수과목으로: **각하** (2010헌바66)

제3절 근로의 권리

연혁	건국헌법	이익분배균점권		
	5차 개정	이익분배균점권 폐지		
주체		• 국민(1차적 - 실업자) / 노동조합은 부정 • 최근 판시에서 외국인도 일할 환경에 관한 것은 인정 가능하다고 함		
효력		대국가적 + 대사인적(직접적)		
내용	근로기회 제공청구권	생계비지급청구권(×)(➡ 인간다운 생활을 할 권리)		
	국가의 고용 증진의무	• 고용정책 기본법 • 직업안정법 • 근로자 직업교육훈련 촉진법 등		
	해고자유의 제한	해고예고제도, 정리해고시 통보 및 협의		
	적정임금의 보장	적정임금	인간다운 생활을 할 정도의 임금	소제기(×)
		최저임금	최저임금법, 노동부장관 ○, 기획재정부장관 ×	소제기(○)
		대판	무노동 무임금설	
	노동조건 법정주의	근로기준법 위반한 계약 ➡ 당연 무효		
	여성근로자 보호	남녀차별 방지 / 채용부분에서는 남녀고용평등법을 적용함		
	국가유공자	• 우선적 근로기회보장(그 가족은 아님) • 다만, 우선 보직, 승진까지 보장하는 입법의무 도출은 힘듦 • 취직까지 보장은 아님		

⚖ 판례 |

1 외국인의 근로의 권리의 주체성: 위헌 (2004헌마670)
인간의 존엄성을 보장받기 위하여 최소한의 근로조건을 요구할 수 있는 권리는 자유권적 기본권의 성격도 아울러 가지므로 이러한 경우 외국인근로자에게도 그 기본권 주체성을 인정함이 타당하다.

2 외국인의 경우 산재보험법상의 요양급여 대상자 (94누12067)

3 6개월 미만 해고예고제도에서 제외: 위헌 (2014헌바3)
근로의 권리를 침해하며, 평등원칙에도 위배된다. 3개월 미만의 일용근로자인 경우는 합헌이다.

4 근로조건의 명시: 합헌 (2004헌바77)
▶ 4인 이하 근로자를 사용하는 사업장의 경우 일부 규정 제외: 합헌

5 무노동완전 무임금의 원칙 (94다26721)
임금은 교환적인 부분과 생활보장적 부분으로 2분할 법적 근거가 없는바 무노동의 경우 완전 무임금이 원칙이다.

6 법 시행 전의 임금채권 우선변제 미실시: 합헌 (2004헌바20)

7 임금채권의 단기소멸시효: 합헌 (96헌바27)

8 외국인근로자 출국시 만기 보험금 지급: 기각 (2014헌마367)

9 퇴직금 등의 14일 안에 미지급시 형사처벌: 합헌 (2002헌바11)

10 퇴직금 전액 우선변제: 헌법불합치 (94헌바19)

11 초단시간 근로의 경우 퇴직금 배제: 합헌 (2015헌바334 등)

12 가사사용인에 대한 퇴직급여법 적용 제외: 합헌 (2019헌바454)

제4절 근로3권

01 서론

주체	생산수단 갖지 못한 근로자(○), 사용자(×)
	현실적 or 잠재적 노동력 제공자 / 노동력 제공의사 있는 실업자(○)
효력	대국가적 + 대사인적(직접적)

02 내용

단결권	요건	목적성	근로조건 향상
		자주성	자주적 단체 조직
		계속성(×)	임시적 쟁의단 조직 가능
	구분	개인적	• 근로자의 단체결성·가입 - 간섭(×) • 황견계약(불가입·탈퇴조건부): 위헌무효
		집단적	근로자집단 조직의 유지·확대·목적의 달성을 위한 단결체 구성권
		적극적	노동조합 구성·가입의 권리
		소극적	판례(부정적) 결사의 자유 ➜ 비가입·탈퇴의 자유 보장
단체 교섭권	주체		• 노동조합 자격 있는 근로자 단체 • 복수단체 가능: 차별조항(유일단체교섭조항, 단체협약체결능력제한조항) ➜ 위헌 • 교섭창구단일화는 합헌
	내용	단체교섭	근로조건 관련(○) / 경영권간섭(×)
		단체협약	• 근로조건 외, 경영권관련 협약(×) • 그러나 경영 및 인사라 해도 근로자들의 근로조건이나 지위와 직접 관련된 경우는 단체협약대상임
단체 행동권	목적		작업환경의 유지·개선 관철
	행동		집단적 시위 ➜ 업무의 정상적 운행 저해
	주체		노동조합(실효성○)

03 제한

		연혁	5차 개정
공무원	노동3권 법률유보 (헌법 제33조 제2항)	근거	헌법재판소 · 직무성질설 + 헌법 제7조 제1항(국민 전체의 봉사자)
		허용	공무원의 경우 지식경제부 노조나 노동부 노조 불가
		가입범위	일반적 공무원(5급 이상도 가능), 해직자도 가능
교원	쟁의행위 금지	규정	교원의 노동조합 설립 및 운영 등에 관한 법률 제8조 • 광역단위로만 노동조합 구성 가능 • 일체의 쟁위행위 금지 • 해직교사도 가능
방위 산업체	쟁의권 법률유보	규정	노동조합 및 노동관계조정법 제41조 • 방위사업법 지정 주요 방위산업체 근로자 • 주요 방산물자를 생산하는 업무에 종사하는 자

⚖ 판례 |

1 실업자도 근로3권의 주체성이 인정된다(2001두8568).

2 설립신고제는 합헌이다.: 합헌 (2004헌마9)

3 교원노조는 법외 노조: 기각 (2013헌마671)
개인적 해고의 부당성을 다투는 데 교원노조 활동을 이용할 우려가 있으므로, 해고된 사람의 교원노조조합원 자격을 이 사건 법률조항과 같이 제한하는 데는 합리적 이유가 인정된다.
▶ 다만, 대법원 판례의 경우 전교조 법외노조 통보는 법적 근거가 없어 위법하다고 본다.

4 근로감독관의 경우 공무원노조 가입금지: 합헌 (2006헌마518)

5 소방공무원 공무원노조 가입금지: 합헌 (2006헌마462)

6 노조의 결산 결과와 운영 상황을 보고: 합헌 (2012헌바116)

7 교수노조 불허: 헌법불합치 (2015헌가38)
대학교원의 경우 과잉금지 위배를 심사기준으로, 교육공무원의 경우 입법형성권의 범위를 일탈하였는지를 나누어 심사한다. 목적의 정당성과 수단의 적합성을 부정한 판례이다.

8 유니온샵조항의 위헌 여부: 합헌 (2002헌바95 등)
소극적 단결권은 결사의 자유 또는 일반적 행동자유권에서 그 근거를 찾을 수 있는바 적극적 단결권과 충돌하게 된다. 따라서 소극적 단결권과 적극적 단결권이 충돌할 경우 적극적 단결권이 우선한다. 그러나 단결선택권과의 충돌문제에서 헌재는 규범조화적으로 해결을 하고 있는바 유니온샵규정은 노동조합의 조직강제를 통해 조직의 유지·강화라는 합리적인 이유가 있는바 이는 합헌으로 보아야 한다고 판시하였다.

9 교원노조의 개별교섭금지: 합헌 (2004한바67)

10 인사권이나 경영권에 속한 사항이라도 단체교섭대상 가능 (91다34523)

11 단체교섭권에 단체협약체결권이 부여됨 (94헌바13 등)

12 한국고속철도건설공단의 단체교섭시 건설교통부장관이 지도감독: 합헌 (2003헌바28)

13 사용자의 인사처분에 대한 노조의 사전동의 (91다30620)

단체협약으로 인사처분을 할 경우 노조의 사전동의를 얻어야 한다고 하고 얻지 않은 인사처분은 무효이다.

14 노동조합에 대한 사업소세 부과: 합헌 (2007헌바27)

15 노동조합 운영비 원조 부당노동행위 금지조항: 헌법불합치 (2012헌바90)

① 일체의 운영비 원조행위를 금지함으로써 노동조합의 자주성이 저해되거나 저해될 위험이 현저하지 않은 경우까지도 금지하고 있다.

② 다만, 급여지원을 처벌하는 것은 합헌이다.

▶ 노조의 자주성을 저해할 위험이 없는 경우까지도 금지하여 수단의 적합성 위배

16 국가비상사태에서의 단체교섭권: 위헌 (2014헌가5)

초헌법적 국가긴급권을 대통령에게 부여히는 법률은 헌법에 위반된다. 모든 근로자의 노동3권을 전면 부정하는 것은 위헌이다.

17 교섭창구 단일화: 기각 (2011헌마338)

하나의 사업 또는 사업장에 2개 이상의 노동조합이 있는 경우 단체교섭에 있어 그 창구를 단일화하도록 하는 것은 헌법에 위반되지 않으나, 유일교섭단체의 경우에는 위헌이다.

18 필수공익사업에서의 강제중재제도: 합헌 (2001헌가31)

19 구조조정·합병 등에 대한 쟁의행위금지: 적법 (2003도687)

20 사업장 안전보호시설에 대한 쟁의행위금지: 합헌 (2002헌바83)

21 '사실상 노무에 종사하는 공무원의 범위'에 관한 조례제정의무: 위헌 (2006헌마358)

'사실상 노무에 종사하는 공무원'의 구체적 범위를 정하는 조례를 제정할 헌법상 의무를 부담함에도 조례제정을 지체하고 있고, 그 지체에 정당한 사유가 존재하지 않으므로 부작위에 의한 공무원들의 단체행동권 침해가 인정된다.

22 5급 이상 공무원은 노조의 가입범위의 제한: 합헌 (2005헌마971)

23 공무원노조의 설립 최소단위 – 행정부: 기각 (2006헌마518)

24 청원경찰의 근로3권 제한: 헌법불합치 (2015헌마653)

교원과 일부 공무원도 단결권과 단체교섭권을 인정받고 있는 상황에서 일반근로자인 청원경찰의 근로3권을 모두 제한하는 것은 사회의 변화에도 맞지 않는다.

25 특수경비원의 단체행동권 제한: 기각 (2007헌마1359)

단결권과 단체교섭권에 대한 제한은 두지 않고 있다.

26 공무원의 집단행위 금지: 합헌 (2011헌바50)

27 릴레이 1인 시위는 집단행위에 해당하지 않는다(2014두8469).

28 특수경비원의 일체의 쟁의행위 금지: 기각 (2019헌마937)

제5절 환경권

개념	공해 없는 생활을 할 권리			
특징	의무 동반형	환경보존의무 동반		
연혁	헌법	제8차 개정		
성격	대판	추상적	• 구체적 법규정(×) ➡ 방해배제청구(×) • 일조권, 조망권 사안에서 소유권에 의한 방해배제청구권으로 해결	
주체	자연인(○), 미래세대(○), 법인(×), 자연 자체(×)			
대상	환경	자연 · 문화 · 사회환경 모두 포함		
효력	대국가적 + 대사인적(직 · 간접 대립)			
침해	기준	수인한도론	상린관계적 ➡ 경미한 침해 수인해야 할 의무(○)	
	책임	무과실책임, 손해배상책임		
	증명	개연성 이론	피해자	상당 인과관계 입증으로 족함
			가해자	반증을 한 경우에만 인과관계 부인 가능
	분쟁	당사자 적격 확대	환경영향평가 지역 안은 자동인정, 밖은 입증	

⚖ 판례 |

1 종교적 환경도 환경보호의 대상 (96다56153)

2 교도소 내 화장실 철망 설치: 합헌 (2011헌마150)

3 환경영향평가대상지역 주민들의 환경상 이익 (99두2970)
대상지역 안의 주민들은 원고적격이 인정되나 그 밖의 주민들의 경우는 환경상 침해가 있다는 것을 입증해야 원고적격을 인정받을 수 있다.

4 환경영향평가 내용의 부실과 처분의 위법성 (2006두330)
환경영향평가의 내용이 다소 부실하다 하더라도 승인 등 처분이 위법하게 되는 것이 아니다. 다만 거치지 않은 경우는 위법하다.

5 일조권 침해 (96다56153)
인접 대지에 건물을 신축함으로써 그와 같은 생활이익이 침해되고 그 침해가 사회통념상 일반적으로 수인할 정도를 넘어선다고 인정되는 경우에는 토지 등의 소유자는 소유권에 기하여 방해의 제거나 예방을 위하여 필요한 청구를 할 수 있다.

6 공장폐수로 인한 김양식장의 피해 (91다558)
가해기업은 피해자보다 원인조사가 훨씬 용이하고 은폐할 염려가 있어 가해자 측에서 손해가 발생한 경우 무해함을 입증하는 것이 타당하다.

제6절 혼인과 가족생활, 모성보호, 보건권

01 혼인과 가족생활

개념	개인의 존엄과 양성의 평등을 기초로 ➡ 혼인 여부·시기·상대방 자유로이 선택할 권리 ➡ 혼인·가족생활 유지할 권리
내용	• 혼인할 자유 • 혼인에서의 양성평등 • 혼인의 순결 • 개인의 손념에 기초힌 친지관계

02 모성보호(여자가 아닌 어머니임)

가족·국가사회 재생산의 모체 보호 ➡ 사회 존속·발전

03 보건권

개념	자신·가족의 건강유지를 위해 국가적 급부·배려 요구할 권리
연혁	건국헌법: 가족의 건강, 국민의 보건
주체	• 의료수혜자인 국민(○) • 의료시행자인 의사(×)

⚖ 판례 ㅣ

1 **동성동본금혼: 헌법불합치** (95헌가6 등)

2 **남녀를 차별하는 호주제: 헌법불합치** (2001헌가9 등)

3 **부성제도 위헌 사건: 헌법불합치** (2003헌가5 등)
   이는 부성제도 자체가 위헌이어서가 아니라 부성을 강요할 경우 생기는 문제점 해결을 위한 예외를 두지 않아서 헌법에 반한다.

4 **3개월 만에 상속승인 간주: 헌법불합치** (96헌가22 등)

5 **자식의 경우 중혼취소권 부정: 헌법불합치** (2009헌가8)

6 **침해행위가 있은 날로부터 10년: 위헌** (2021헌마1588)
   법적 안정성만을 지나치게 중시한 나머지 사후에 공동상속인이 된 자의 권리구제 실효성을 외면하는 것이다.

7 **인지청구의 소의 제척기간은 부모사망시로부터 1년: 합헌** (98헌바9)

8 **친생부인의 소의 제척기간: 헌법불합치** (95헌가14 등)
   출생을 안 날로부터 1년이라는 기간은 친자관계를 부인하고자 하는 부(父)로부터 그 기회를 극단적으로 제한한 것인바 이는 헌법에 반한다. 다만, 사유가 있음을 안 날로부터 2년은 합헌이다.

9 부부의 자산소득 합산과세: 위헌 (2001헌바82)

10 종합부동산세 (2006헌바112 등)
  ① 이중과세 ✕
  ② 세대별 합산과세: 위헌
  ③ 주택: 위헌 / 토지: 합헌

11 가족끼리 공동사업 합산과세: 위헌 (2004헌가19)
  합산과세 자체는 합헌이나 불복하지 못하게 하는 것은 위헌이다.

12 분만급여 2명으로 제한: 기각 (95헌마390)

13 치과전문의 자격시험: 위헌확인 (96헌마246)
  행정입법부작위로 위헌되었으며 직업의 자유와 행복추구권, 평등권을 침해하지만 학문의 자유와 재산권, 보건권을 침해하지는 않는다고 보았다.

14 치과전문의의 진료과목 제한: 위헌 (2013헌마799)
  ① 평등권, 직업의 자유 침해
  ② 명확성, 신뢰보호는 합헌

15 남성 단기복무장교의 육아휴직불허: 기각 (2005헌마1156)
  자녀에 대한 부모의 양육권은 헌법 제37조 제1항으로부터 나오는 중요한 기본권이나, 육아휴직신청권은 법률상의 권리에 불과하다.

16 계모자 사이의 법정혈족관계를 폐지: 합헌 (2009헌바89)

17 비속이 부모를 고소하지 못하게 하는 것: 합헌 (2008헌바56)

18 혼인으로 인하여 1세대 3주택 중과세: 헌법불합치 (2009헌바146)

19 혼인 중인 부부만 친양자 입양을 허용: 합헌 (2011헌가42)

20 가사소송법상 친생자관계 확인시 직권주의: 합헌 (2013헌바178)

21 중혼취소권의 소멸시효 배제: 합헌 (2011헌바275)

22 사실혼 배우자에게 상속권 불허: 합헌 (2013헌바119)

23 혼인 종료 후 300일 이내 출생시 전 남편 친생자 추정조항: 헌법불합치 (2013헌마623)

24 형제자매의 경우 본인 동의 없이 가족관계증명서 교부청구: 위헌 (2015헌마924)

25 직계혈족의 경우 본인의 위임 없이도 증명서 발급받는 것 가능: 합헌 (2021헌마130)

26 가족폭력 가해자의 증명서 발급: 헌법불합치 (2018헌마927)

27 친양자 입양시 친생부모의 동의: 합헌 (2010헌바87)

28 피상속인 부양의무 불이행의 경우도 상속권 인정: 합헌 (2017헌바59)

29 재혼한 경우 안장 대상자 배우자의 국립묘지 합장 배제: 합헌 (2020헌바463)

30 8촌 이내 혈족 사이의 혼인 금지 및 무효: 헌법불합치 (2018헌바115)
  ① 금지: 합헌
  ② 무효조항: 위헌

31 가정폭력처벌법상 피해자보호명령에 우편을 이용한 경우 제외: 합헌 (2019헌바43)

32 '혼인 중 여자와 남편 아닌 남자 사이에서 출생한 자녀'에 대한 출생신고 사건: 인용, 기각 (2021헌마975)
자의 '출생등록될 권리'는 침해하나, 혼인부부 중심으로 신고의무를 규정한 것은 친부의 평등권 침해는
아님

33 유류분 전반: 위헌, 합헌 (2020헌가4)
① 피상속인을 장기간 유기하거나 정신적·신체적으로 학대하는 등의 패륜적인 행위를 일삼은 상속인의
유류분을 인정하는 것은 일반 국민의 법감정과 상식에 반한다.
② 피상속인의 형제자매는 상속재산형성에 대한 기여나 상속재산에 대한 기대 등이 거의 인정되지 않음
에도 불구하고 유류분권을 부여하는 것은 그 타당한 이유를 찾기 어렵다.
③ 특별히 부양하거나 재산증식에 기여한 경우에도 유류분 산정 기초재산에 산입하는 것은 불합리하다.

34 혼인무효판결로 정정된 가족관계등록부의 원칙 보존: 기각 (2020헌바65)

제8장 국민의 의무

01 서론

개념	헌법상 규정된 국가구성원으로서의 책임	
연혁	국방과 납세의 의무는 제헌헌법 때부터 규정	
성질	국민의 실정법상의 의무, 초실정법적인 권리는 존재하지만, 초실정법적인 의무는 존재하지 않음	
종류	헌법상 규정 (예시적)	• 제23조 제2항 재산권행사 공공복리 적합성 의무 • 제31조 제1항 교육받게 할 의무 • 제32조 제2항 근로의 의무 • 제35조 환경보존의 의무 • 제38조 납세의 의무 • 제39조 국방의 의무

02 납세의 의무

개념	국가의 재정적 기초 마련을 위한 반대급부 없는 조세의 부과·납세의무	
주체	국민, 법인, 외국인	
원칙	조세평등주의	특정인·특정계층에 대한 이유 없는 면세·감세·중과세(×)
	조세법률주의	조세의 대상·범위·종류 등 기본적 사항의 위임(×)
	응능+응익 고려	응능 우선

03 국방의 의무

개념	국가의 독립·영토의 보전을 위한 국민의 참여의무		
특징	일신전속적(대체×)		
주체	자국민	직접적	징집대상자
		간접적	국민 전체 예 적공습시 소등의무 등
원칙	의무부과 – 법률주의		국가비상시 역시 예외(×)
	법적 불이익 금지		• 법적 불이익(○) 군법무관개업지 제한 사건 • 사실상·경제상 불이익(×) • 이행 이후를 의미, 이행 중(×)

✎ 병정분리시 군국주의화 우려(일본 등), 우리나라는 통합식

04 교육의 의무

개념	친권자(후견인)이 자녀(피후견인)의 의무교육을 위해 취학시킬 법적 의무	
연혁	제3공화국에서 처음 규정	
주체	권리 주체	취학대상 아동
	의무 주체	친권자 · 후견인
	의무교육 주체	국가기관

05 근로의 의무

주체	국민
연혁	제헌헌법에서 규정

⚖ 판례 Ⅰ

1 군법무관 출신의 변호사개업지 제한: 위헌 (89헌가102)
이는 병역의무의 이행으로 말미암아 불이익한 처우를 받게 되는 것이라 아니할 수 없어 이의 금지를 규정한 헌법에 반한다.
 ▶ 군법무관 10년 이상 재직시 변호사 자격부여: 합헌

2 현역병 월급: 기각 (2011헌마307)

3 사회복무요원에게 현역병의 월급 지급: 기각 (2017헌마374)

4 군인의 주민등록: 기각 (2009헌마59)
 ▶ 거주 · 이전의 자유는 주민등록법이 아니라 병역법으로 인한 것이다.

5 동원예비군 무단이탈시 군형법 적용: 합헌 (97헌바3)

6 군입대 전 범죄에 대한 군사법원의 재판권: 합헌 (2008헌바162)

7 전투경찰대원의 시위진압임무: 기각 (91헌마80)

8 군대에서 불온도서 금지: 기각 (2008헌마638)
 ▶ 명확성의 원칙에 위배되지 않는다.

9 국가정보원채용시험에서의 군미필자 응시자격 제한: 기각 (2006헌마627)

10 토지소유자에 대한 폐기물 처리명령: 합헌 (2007헌바53)

11 산업기능요원의 편입취소시 종사 기간 불인정: 위헌 (2010헌마746)

12 국립사범대학 졸업자 중 교원미임용자 임용 등에 관한 특별법: 기각 (2004헌마313)
청구인이 특별법 대상에서 제외되는 것은 현재 재학 중이어서 교사자격증을 취득하지 못하였기 때문이지 재학 중 군복무를 이행하였기 때문이 아니어서 헌법 제39조 제2항에 위배된다고 볼 수 없다(국립사범대학 졸업자에게 교원임용의 우선권을 준 것이 위헌이었으나 이후 재학생은 배제하고 졸업자만 특혜를 유지시켜준 사안).

13 군복무로 인한 휴직과 법무사시험 1차 시험 면제 배제 (2004두4802)

2025 대비 최신개정판

해커스경찰
박철한
경찰헌법 핵심요약집

개정 4판 1쇄 발행 2024년 11월 4일

지은이	박철한 편저
펴낸곳	해커스패스
펴낸이	해커스경찰 출판팀

주소	서울특별시 강남구 강남대로 428 해커스경찰
고객센터	1588-4055
교재 관련 문의	gosi@hackerspass.com
	해커스경찰 사이트(police.Hackers.com) 교재 Q&A 게시판
	카카오톡 플러스 친구 [해커스경찰]
학원 강의 및 동영상강의	police.Hackers.com

ISBN	979-11-7244-435-8 (13360)
Serial Number	04-01-01